Essig selbst bereiten

Klaus Hagmann
Helmut Graf

Essig
selbst
bereiten

58 Farbfotos
8 Schwarzweißabbildungen

Verlag Eugen Ulmer
Österreichischer Agrarverlag

Vorwort

Im vergangenen Jahrhundert erschienen im deutschen Sprachraum nur zwei wissenschaftliche, zusammenfassende Veröffentlichungen zum Thema Essigherstellung: das „Lehrbuch der Essigfabrikation" von H. Wüstenfeld (1930) sowie in der Enzyklopädie der technischen Chemie das von G. Haeseler bearbeitete Kapitel „Essig" (1955). Deshalb möchten wir den heutigen Wissensstand der industriellen und häuslichen Herstellung von Essig erneut aufgreifen.

Zur Essigherstellung kamen wir aus verschiedenen Gründen: Zum einen anlässlich unseres Studiums und der gemeinsamen wissenschaftlichen Arbeit am Institut für Lebensmitteltechnologie der Universität Hohenheim in Stuttgart; zum anderen deshalb, weil wir jedes Jahr im Spätherbst zu Beginn der Apfel- und Birnen-Mostsaison vor durchaus qualitativ hochwertigen, relativ großen Mostresten des vergangenen Jahres stehen. Die Essigherstellung scheint uns eine praktikable Möglichkeit zu sein, diese Restmengen sinnvoll zu verwerten. Zudem ist es heute für viele Menschen von Bedeutung, Lebensmittel naturnah, gesund und ökologisch selbst zu gewinnen. Die Lebensmittelskandale der vergangenen Jahre zeigen, dass dieser Trend nicht unbegründet und durchaus vernünftig ist.

Vor noch nicht einmal hundert Jahren waren Mischungen aus Most oder Essig, eventuell verdünnt mit etwas Soda, völlig gebräuchliche Durst löschende Getränke. Mittlerweile hat man den Apfelessig neu entdeckt und rührt ihn in Fitness-Cocktails und Kochrezepte oder wendet ihn vom Essigbad bis hin zur Essigmassage äußerlich an. Was bereits die alten Römer wussten, die sich mit essighaltigen Getränken vor Infektionskrank-

heiten oder gegen Völlegefühl nach ausschweifenden Festgelagen schützten, wird uns heute in unvorstellbarer Vielfalt erneut präsentiert.

Die häusliche Essigbereitung ist unserer Meinung nach jedem möglich, der sich dafür interessiert. Besonders Gartenbesitzer, deren Obsternten anderweitig nicht sinnvoll verwertet werden können, dürften ihre Freude daran haben. Mit diesem Buch ist die Herstellung von Essig wirklich kein Hexenwerk! Wir wünschen viel Spaß und Erfolg dabei.

Im Frühjahr 2001
Klaus Hagmann, Helmut Graf

Inhalt

6

Geschichte der Essigherstellung

Essig wurde schon immer in allen Kulturen hergestellt. Zunächst wurde er als Getränk, als Speisewürze und als Konservierungsmittel eingesetzt, später entdeckte man die Vorzüge als Reinigungsmittel und Anwendungsmöglichkeiten im medizinischen und kosmetischen Bereich.

Essig gehört zur Gruppe der fermentierten Lebensmittel, die durch die Aktivitäten unterschiedlicher Mikroorganismen entstehen. Bekannte Beispiele für fermentierte Lebensmittel sind Wein, Bier, einige Milchprodukte wie Quark, Jogurt, Käse oder Kefir und eben auch Essig. Selbst die Zubereitung von Backwaren könnten wir ohne Hefen oder Milchsäurebakterien, wie sie zur Herstellung von Sauerteigwaren benötigt werden, kaum bewerkstelligen.

Die Vorstufe der Essigbildung ist Alkohol (Ethanol, Ethylalkohol) in nicht zu hoher Konzentration. Alkohol entsteht durch die Vergärung zuckerhaltiger Lösungen mittels Hefen oder spezieller Bakterienarten. Als zuckerhaltige Lösungen dienen vor allem Säfte pflanzlicher Herkunft wie Trauben- oder Apfelsaft. Eine Zuckerbildung findet nicht nur in Weintrauben, sondern in den meisten Früchten und verstärkt in warmen Klimaten statt. Aus diesem Grund ist es nicht verwunderlich, dass die ersten Quellen für die Alkohol- und Essigherstellung aus dem Vorderen Orient stammen. Nach Ansicht von Historikern ist die Wein- und Essigbereitung seit mehr als 10 000 Jahren bekannt. Bereits im Talmud wird erzählt, dass während der Zeit der Verschleppung der Juden aus dem Gelobten Land nach Mesopotamien beträchtliche Wein- und Biermengen verdarben und zu Essig versäuerten. Auch den dort ansässigen Babyloniern war die Herstellung und der Gebrauch von Essig schon 5000 v. Chr. bekannt. Sie verwendeten Essig hauptsächlich als Gewürz und als Konservierungsmittel für alle Arten von Lebensmitteln.

Die Babylonier stellten Essig nicht nur aus Wein und Bier her, sondern auch aus dem Saft von Dattelpalmen. Hierzu wurden die Bäume im Bereich der Blüten angeritzt oder angeschnitten. Den austretenden süßen Saft leitete man in Gefäße, die an die Bäume gebunden waren. Da der Saft lediglich geringe Zuckermengen enthielt, erfolgte die Vergärung und Essigbildung in nur drei bis vier Tagen. Ein stabiler Wein wurde durch die Vergärung von Dattelhonig gewonnen, der nicht mit unserem Bienenhonig zu verwechseln ist, denn er wurde aus vollreifen und an der Sonne getrockneten Datteln mittels nicht überlieferter Methoden hergestellt. Mit dem in der Bibel häufig erwähnten Begriff Honig ist daher der aus Dattelfrüchten stammende, zähflüssige Sirup gemeint. Der aus Dattelweinen entstandene Essig wies aufgrund der höheren Zucker- und Alkoholkonzentrationen auch entsprechend höhere Säuregehalte auf als der aus den relativ dünnen Baumsäften gewonnene Essig. Deshalb eignete sich dieses stärkere Produkt besser als Konservierungsmittel. Essig aus Dattelwein wurde vorwiegend in kleinen Mengen hergestellt. Im Lauf der Zeit setzte sich in Babylon durch den Einfluss des damaligen Brauwesens mehr und mehr eine kommerzielle Essigproduktion durch. Dabei wurde das wie heute aus Getreiderohstoffen zubereitete Bier zu Speiseessig vergoren.

Ein weiterer Rohstoff zur Essigherstellung in Vorderasien, vor allem bei den Phöniziern, waren Äpfel beziehungsweise der aus diesen hergestellte Apfelmost. Das heute in Nordfrankreich beliebte Getränk Cidre ist auf die phönizische Bezeichnung „Shekkar", Apfelmost, zurückzuführen.

Den Ägyptern war die Kunst des Weinbaus und damit die der Essigherstellung ebenfalls bereits vor über 3000 Jahren vertraut. Pharao Amenophis III. (1402 bis 1364 v. Chr.) soll dem Tempel von Luxor einen Weinberg geschenkt haben, „dessen Ernten größer

Vollreife Äpfel der Streuobstwiesen sind das ideale Ausgangsmaterial zur Herstellung naturtrüber Apfelessige.

waren als die Wasser des Nils bei Hochwasser". Im Grab des Pharao Tut-ench-Amun (um 1340 v. Chr.) wurden 36 große Amphoren mit Wein gefunden.

Auch in Palästina wurde Weinbau betrieben, so war beispielsweise die Stadt Gideon im 7. Jahrhundert v. Chr. ein weithin bekanntes Weinbauzentrum. In der Bibel ist zu lesen: „Noah aber fing an und ward ein Ackersmann und pflanzte Weinberge" (1. Moses 9,20). Da die Säuerung von Wein, also die Essigbildung, ein spontaner biologischer Prozess ist, war auch hier der Essig als Gewürz und Konservierungsmittel bekannt und verbreitet. Vermutlich kam der Weinbau und damit die Essigbereitung über die Handel treibenden Phönizier zu den Kretern und Griechen und schließlich zu den Römern. Vor allem Cato (234 bis 149 v. Chr.) beschrieb in seinen Beobachtungen und Hinweisen zur Landwirtschaft „De Agri Cultura" ausführlich verschiedene Methoden zur Herstellung und zum Gebrauch von Essig: „Wein für die Sklaven wird durch die Vergärung von 12 Teilen Traubensaft, 2 Teilen scharfen Essigs und 50 Teilen kochenden Wassers gewonnen." Pocsa nannte man ein beliebtes Getränk bei den römischen Soldaten, das aus Essig, Wasser und Eiern bestand. Bei der Kreuzigung Christi wird Essig ausdrücklich erwähnt: „Sie

tränkten einen Schwamm mit Essig, steckten ihn auf einen Stab und führten ihn an seinen Mund..." (Johannes 19,29 bis 30).

Mit der Verbreitung der Wein- und Bierherstellung wurde die Essigbereitung auch in Europa heimisch.

Bis zum frühen Mittelalter stellte man Essig nahezu ausschließlich im Haushalt her. Erst gegen Ende des 14. Jahrhunderts entwickelte sich in Frankreich, besonders in der Gegend von Orléans, eine eigenständige Essig produzierende Kleinindustrie. Der Essig von Orléans wurde aus halbfesten Bier- und Weinmaischen mittels eines relativ langwierigen Verfahrens gewonnen. Eine modernere Variante der Essigproduktion wurde von Boerhave (1705) beschrieben, die man nach ihm benannte. Dieses Boerhave-Verfahren unterschied sich von seinen Vorläufern, indem nicht mehr eine ruhende, halbfeste Flüssigkeit zur Vergärung kam, sondern eine bewegte. Das Boerhave-Verfahren ging wiederum dem Schnellessigverfahren voraus, das besonders von Schuezenbach (1815) wesentlich weiterentwickelt wurde. Kurz darauf gelang es dem Engländer Ham (1824), das Generator-Verfahren zu etablieren, das in einer verbesserten Form heute noch gebräuchlich ist. Alle Verfahren haben gemeinsam, dass die Essigsäurebakterien an oder auf Oberflächen angesiedelt sind und dort wachsen. Man nennt diese Produktionsweisen deshalb auch Oberflächen- und Fesselgärverfahren.

1949 wurde ein so genanntes Submersverfahren, bei dem die Essigsäurebakterien frei in den Flüssigkeiten flottieren, in die Praxis der industriellen Essigproduktion eingeführt. Mit dieser völlig neuartigen Methode und dessen technischer Weiterentwicklung sind vor allem die Namen Hromatka (1952), Cohee und Steffen (1959) sowie Frings (1932) und besonders Ebner (1966) verbunden. In Abgrenzung zum Generator-Verfahren spricht man hier vom Acetator-Verfahren.

Woraus entsteht Essig?

12

In Europa ist insbesondere die Herstellung von Wein- und Branntweinessig gebräuchlich. Dabei wird in unserem Kulturraum der zuckerhaltige Saft von Weintrauben durch „wilde" Hefen, die sich vorwiegend auf der Traubenoberfläche befinden, zu alkoholhaltigem Wein vergoren. Heutzutage wird dieser Prozess in den meisten Fällen durch den Einsatz besonderer Reinzuchthefen optimiert. Der Alkoholgehalt der entstandenen Weine ist im Wesentlichen vom Zuckergehalt der Trauben und der überwiegend vorliegenden vergärenden Hefeart abhängig. Die so gewonnenen Weine können dann direkt durch Essigsäurebakterien zu Essig weiterverarbeitet werden.

Die alkoholhaltigen Vorstufen des Speiseessigs – vor allem Wein und Obstmoste, aber auch Bier – werden, wenn sie Sauerstoff ausgesetzt sind, schnell von Essigsäurebildnern infiziert. Weine und Obstmoste sind also wenig stabil und das Schlimmste ist, dass sie durch die Versäuerung ihren Alkoholgehalt mindern oder ganz verlieren. Um solche Verluste zu verhindern, beschäftigt man sich schon seit langer Zeit mit der Problematik der Alkoholerhaltung durch Konzentrieren des wertvollen Produkts. Kurz gesagt: Seit mehr als 5000 Jahren befasst sich die Menschheit mit der Aufkonzentrierung von Alkohol, insbesondere durch Destillation.

Mit den ältesten Brenngeräten wurde nicht Alkohol gewonnen, es wurden vielmehr Kräuterauszüge oder Rosenöl für die Parfümherstellung produziert. Dies gelang vor allem deshalb, weil die Wert gebenden Bestandteile, die etherischen Öle, einen niedrigeren Siedepunkt haben als Wasser. Die erste Destillation von Alkohol erfolgte um das 11. Jahrhundert an der Universität von Salerno. Die mit diesen Brenngeräten erreichbaren Alkoholausbeuten waren denkbar gering und das erhaltene Produkt derart kostbar, dass „aqua vitae" nur als Medizin Verwendung fand. Erst nach der Entwicklung wirkungsstärkerer Kühler konnte um 1400 Alkohol in größeren Mengen wirtschaftlich hergestellt werden. Im 19. Jahrhundert erfolgte die wissenschaftliche Ausarbeitung moderner Destillationstechniken, die heutigen Brenngeräte sind weitgehend darauf zurückzuführen. Für die Essigbereitung hatte dies zur Folge, dass auch Lösungen mit wesentlich höheren Alkoholkonzentrationen als die in Wein und Obstmosten vorhandenen als Ausgangsmaterial herangezogen werden konnten. Derartige Rohstoffe ermöglichten höhere Essigsäuregehalte im Endprodukt, es entstand Branntweinessig.

Weltweit werden heute jährlich ungefähr 1,6 Millionen Tonnen Essig mit einem Gehalt von 10 % Essigsäure hergestellt. Der überwiegende Teil dieser beträchtlichen Menge – ungefähr 80 % – wird durch Fermentation (mikrobiologische Vergärung) erzeugt, der Rest durch chemische Synthese. Zwei Drittel der erstgenannten Gärungsessige sind Branntweinessig, knapp 30 % Wein-Branntweinessig und nur circa 5 bis 6 % sind andere Spezialessige, vor allem Obstweinessige. Diese Zahlen zeigen deutlich, dass die durch Destillation entstandenen höherprozentigen Alkohol-Wasser-Mischungen (Branntweine) als Grundstoffe der industriellen Essigbereitung dominieren. Für die Anwendung im Haushalt oder in kleineren Submersanlagen ist Alkohol als Ausgangsprodukt allenfalls für die Besitzer einer Abfindungsbrennerei interessant. Unter Mitverwendung von Nährstoffen kann auch aus verdünnten Obstbränden Essig erzeugt werden, der jedoch im Vergleich zu Obstweinessigen deutlich weniger Aroma besitzt.

Chemische Vorgänge bei der Essigentstehung

Wie wird nun Essig – egal ob in haushaltsüblichen oder industriellen Mengen – hergestellt? Essig beziehungsweise Essigsäure entsteht durch Mikroorganismen, genauer gesagt: durch Essigsäurebakterien. Durch deren Lebensaktivitäten wird Alkohol in Essig(-säure) umgewandelt. Dieser Vorgang, der in Wein, Obstsäften oder Most bei unsachgemäßer Herstellung und Lagerung spontan auftreten kann und dann zu Produkten minderer Qualität führt, ist bei der Essigbereitung erwünscht. Bei Sauerstoff- und Wärmezufuhr oxidiert Alkohol durch die Bakterien zu Essigsäure. Dabei entstehen aus 1 g Alkohol in der Regel 1,3 g Essigsäure.

Essigsäure ist – bedingt durch die weite Verbreitung und einfache Herstellung – eine der wichtigsten Carbonsäuren. Keine andere organische Säure hat so weite Verbreitung im privaten wie auch industriellen Bereich gefunden wie die Essigsäure. Ihre Verwendung reicht vom Nahrungsmittel bis hin zum Lösungsmittel für zahllose Chemikalien.

Die industrielle Herstellung erfolgt vor allem durch Oxidationen von Kohlenwasserstoffen wie Butan oder Buten. Weiterhin kann der Alkohol Methanol unter Druck und hoher Temperatur mit Kohlenmonoxid zu Essigsäure umgesetzt werden.

Konzentrierte Essigsäure (Eisessig) ist eine stechend riechende Flüssigkeit mit einem Siedepunkt von 118 °C, die bei 16,5 °C zu eisartigen Kristallen erstarrt. Essigsäure wird in konzentrierter Form zur chemischen Synthese vieler Produkte, insbesondere von Pharmazeutika verwendet, und kommt in Verdünnung (5–8 %) als Speiseessig in den Handel. Reine Essigsäure ist giftig, sie wirkt stark ätzend und führt zu Entzündungen. In der Volksheilkunde wird sie zur Entfernung von Warzen eingesetzt.

Bei den heute handelsüblichen Essigen handelt es sich um Erzeugnisse, die durch **doppelte Vergärung** aus zuckerhaltigen Rohstoffen hergestellt werden. Der erste Schritt ist dabei die **alkoholische Vergärung** natürlicher, zuckerhaltiger Säfte zu Alkohol. Als vergärbare Zucker kommen hauptsächlich die Monosaccharide (Einfachzucker) Glucose und Fructose sowie deren Disaccharid Saccharose (Verbindung aus Glucose und Fructose) in Betracht. Diese Zucker werden, wie übrigens auch bei der Wein- und Bierherstellung, durch Hefen (*Saccharomyces*-Arten) vergoren. Voraussetzung für die Vergärung der Zucker zu Alkohol durch Hefen ist das Fehlen von Sauerstoff. Im zweiten Schritt wird bei der **Essigsäuregärung** der Alkohol durch Essigsäurebakterien in Essigsäure umgewandelt. Bei diesem Prozess ist Sauerstoff nötig.

13

Entstehung von Essigsäure durch doppelte Vergärung

1. Alkoholische Gärung

$$C_6H_{12}O_6 \xrightarrow{\text{Hefe}} 2\ CH_3\text{-}CH_2OH + CO_2 + \text{Energie}$$

Hexose (Zucker)   Ethylalkohol   Kohlendioxid

2. Essigsäuregärung

$$CH_3\text{-}CH_2OH + O_2 \xrightarrow{\text{Essigsäure-bakterien}} CH_3\text{-}COOH + H_2O + 494\ \text{kJ}$$

Ethylalkohol   Sauerstoff   Essigsäure   Wasser   Wärme

14

Als wesentliches unerwünschtes Nebenprodukt bei der Vergärung von Alkohol ist vor allem Essigsäureethylester zu nennen, der für den störenden „Klebstoff-Ton" in ungereiftem Essig verantwortlich ist. Bei der häuslichen Essigbereitung ist dieser Geruch ein sicheres Zeichen für die ablaufende Essigfermentation. Ist diese beendet, verschwindet auch der lösungsmittelartige Geruch. Darüber hinaus können auch Acetoin, Diacetyl, Zitronensäure sowie Gluconsäure und Ketogluconsäure gebildet werden.

Essigbildung durch Bakterien

Antoine Laurent Lavoisier (1743–1794) postulierte bereits 1793, dass die Essigsäurebildung ein oxidativer Prozess sei. Knappe 30 Jahre später beschrieben wissenschaftliche Untersuchungen Hautbildungen auf verschiedenen Flüssigkeiten und bezeichneten diese als *Mycoderma*, was in etwa „fädige Haut" heißt und heute als „Essigmutter" bezeichnet wird. Obwohl festgestellt wurde, dass diese Haut hefeähnliche Zellen enthielt, erkannte man noch nicht die Zusammenhänge zwischen diesen Beobachtungen und der hierbei ebenfalls ablaufenden Essigbiosynthese. Es war der Botaniker Friedrich Traugott Kützing (1807–1893), der 1837 als erster die biologischen Hintergründe richtig deutete. Seit 1833 hatte er sich mit der Untersuchung von Essigmuttern beschäftigt. Er konnte die hierfür verantwortlichen Mikroorganismen aus Essig isolieren. Dafür irrte sich Kützing in der biologischen Zuordnung der gefundenen Organismen, er vertrat die Ansicht, dass es sich um Algen handle. Für seine Zeitgenossen waren die Auffassungen Kützings nahezu wertlos und blieben weitgehend unbeachtet, da der führende Chemiker dieser Zeit, Justus von Liebig (1803–1873), verkündete, die Essigmutter sei ein bloßes Agglomerat von Eiweißausfällungen und damit kein Lebewesen. Liebig ging sogar so weit, dass er die „vitalistischen" Anschauungen Kützings und anderer ihm widersprechenden Naturwissenschaftler öffentlich verhöhnte: „... die Ansichten der Vitalisten gleichen der eines Kindes, welches den raschen Lauf des Rheines erklärt durch die vielen Mühlen bei Mainz, deren Räder das Wasser mit Gewalt nach Bingen hin bewegen." Es dauerte bis 1862, als dann Louis Pasteur (1822–1895) den endgültigen Beweis für die Richtigkeit der Anschauungen Kützings lieferte.

Die Essigsäurebakterien

Die verschiedenen Gattungen und Gruppen

Die Essigsäurebakterien umfassen die Gattungen *Gluconobacter* und *Acetobacter* mit jeweils mehreren Arten. *Acetobacter*-Arten unterscheiden sich von *Gluconobacter*-Arten in der Fähigkeit, Essigsäure weiter zu Kohlendioxid und Wasser oxidieren zu können. Von Bedeutung für die Essigindustrie ist das weitere Schicksal der gebildeten Essigsäure. Eine Artengruppe der Essigsäurebakterien kann Essigsäure zu Kohlendioxid und Wasser weiteroxidieren. Man nennt diese Gruppe die Peroxidanten (Überoxidierer). Die Weiteroxidation der Essigsäure erfolgt allerdings erst dann, wenn bereits erhebliche Mengen Essigsäure gebildet wurden. Essigsäure ist also in diesem Fall ein Zwischenprodukt. Im Gegensatz zu den Peroxidanten können Suboxidanten (Unteroxidierer) Essigsäure nicht weiter verwerten, hier ist Essigsäure ein wirkliches Endprodukt (siehe Tabelle 1).

Während die wissenschaftliche Zuordnung in der Regel nach morphologischen und biochemischen beziehungsweise stoffwechselphysiologischen Kriterien vorgenommen wird, ist im Betrieb eine Einteilung nach technologischen Gesichtspunkten möglich. Diese sieht dann folgendermaßen aus:

Maische- und Würzeessigsäurebakterien

Diese Gruppe umfasst die Essigsäurebakterien, die in Brauereien, Brennereien und Hefefabriken vorkommen. Sie können Würze, die nur aus Zuckern und ohne Alkohol besteht, durch die Produktion von Essigsäure ansäuern. Da ihr Säurebildungsvermögen zu gering ist, sind sie aber für technische Zwecke nicht oder nur bedingt verwendbar. Sie gehören zur schädlichen Bakterienflora in den erwähnten Betrieben.

Bieressigsäurebakterien

Diese Arten treten ebenfalls in Brauereien auf und werden durch die Bitterstoffe des Hopfens nicht in ihrem Wachstum gehemmt. Sie können, was allerdings heute nur noch selten vorkommt, auch in fertigen Bieren gedeihen. Es handelt sich hierbei besonders um die

Tab. 1: Die Essigsäurebakterien (verändert nach REHM 1980)		
Gruppe	**Organismus**	**Eigenschaften**
Peroxidanten	*Acetobacter paradoxum* *Acetobacter peroxydans*	
Oxidanten	*Acetobacter ascendens* *Acetobacter rancens* *Acetobacter pasteurianus* *Acetobacter lovaniense*	rufen Trübungen in Bier hervor
Mesoxidanten	*Acetobacter mesoxydans* *Acetobacter orleanensis* *Acetobacter xylinum* *Acetobacter aceti*	dicke cellulosehaltige Haut, einige bilden ein braunes Pigment
Suboxidanten	*Acetomonas suboxydans* *Acetomonas melanogenum*	polare Begeißelung; schwarzbraune Pigmentbildung möglich

Arten *A. aceti* und *A. pasteurianus*. Beide Arten können Essigsäure zu Kohlendioxid und Wasser weiter oxidieren. Bieressigsäurebakterien verderben Bier. Unter reichlich Luftzutritt können sie aus dem von den Hefen erzeugten Alkohol Essigsäure bilden. Die Biere werden dadurch ungenießbar und enthalten häufig zusätzlich noch Schleimpartikel der Essigmutter. Erstaunlich ist die lange Lebensfähigkeit der Bieressigbakterien. Schon um 1900 konnte man in Lagerbier selbst nach sieben Jahren noch lebende Bakterien nachweisen. Infektionen mit Bieressigbakterien treten heute wieder häufiger durch die weite Verbreitung und Anwendung von so genannten „Heimbrausets" auf. Durch Fehler bei der Abfüllung oder undichte Verschlüsse gelangt Luft in die Flasche oder das Fass – Essigbildung ist die Folge.

Weinessigsäurebakterien

Zu ihnen zählen zwei Gruppen: Die **Kulturweinessigsäurebakterien**, die man für besondere Herstellungsverfahren verwendet, sowie die **Essigbildner**, die so genannten „wilden" Weinessigsäurebakterien, die nicht in technischen Prozessen eingesetzt werden. Die bedeutendsten Kulturweinessigsäurebakterien sind *A. xylinoides* und *A. orleanensis*. *A. xylinoides* findet sich häufig „wild" in Weinessigfabriken und verursacht spontane Gärungen. *A. orleanensis* wird bevorzugt zur Essigherstellung aus Wein nach dem Orléans-Verfahren (siehe Seite 19) verwendet, aber auch im Rahmen der Schnellessigproduktion. Zur Gruppe der Essigbildner zählen die Arten *A. xylinum* und *A. ascendens*. *A. xylinum* kommt in Essigfabriken als Essigmutter vor, eine schleimige, bakterienhaltige Masse, die sowohl in Fässern oder Bottichen als auch in den Fermentationsbehältern auftritt. *A. xylinum* bildet nur langsam Essig, synthetisiert aber einige übel riechende und schlecht schmeckende Nebenprodukte und baut zudem den Essig relativ schnell ab. Sein Vorkommen in Essig ist als unangenehme, möglichst zu vermeidende Infektion zu betrachten. *A. ascendens* ist ebenfalls ein Lebensmittelverderber, vor allem in Weinkellereien. Alkoholschwache Weine werden schnell angegriffen und erhalten dann den gefürchteten Essigstich.

Schnellessigsäurebakterien

Ihre Eigenschaft, schnell und in guten Ausbeuten Essig zu produzieren, gab diesen Bakterien ihren Namen. Es handelt sich dabei um eine Bakteriengruppe, die in der Natur nicht vorkommt, sondern nur in Essigfabriken anzutreffen ist. Es sind Zuchtformen mit besonders gut ausgeprägten Eigenschaften für die Essigbereitung. Sie sind relativ anspruchslos hinsichtlich ihrer Nährstoffbedürfnisse, das heißt sie wachsen auch in stark verdünnten alkoholhaltigen Malzlösungen oder in synthetischen Substraten mit geringen Zucker- und Alkoholgehalten. Ein weiterer Vorteil dieser Bakterien ist, dass sie im Gegensatz zu *A. xylinum* nur sehr dünne Häutchen an der Flüssigkeitsoberfläche ausbilden, die bereits bei schwacher Bewegung der Flüssigkeit aufgelöst werden und zu Boden sinken. Die wichtigsten Schnellessigsäurebakterien sind *A. acetigenum*, *A. schuezenbachii* und *A. curvum*. *A. acetigenum* ist zur schnellen Essigbildung weniger befähigt als *A. schuezenbachii*, liefert aber Essige mit hervorragendem Bukett. Ein Teil dieses Aromas wird über das als Nebenprodukt entstehende Ethylacetat gebildet. Die Essigsäureausbeute mit *A. acetigenum* kann dadurch vermindert werden, dass dieses Bakterium den Essig zu Kohlendioxid und Wasser abbaut.

Das bedeutendste Bakterium der heutigen Essigindustrie ist *A. schuezenbachii*. Da diese Art Essigsäure nicht umwandelt, sind die Essigsäureausbeuten relativ sicher und stabil.

Die verschiedenen Verfahren

Bei der Essigherstellung kann man prinzipiell drei verschiedene Verfahren anwenden: das **Oberflächenverfahren**, das **Generator-** oder **Fesselverfahren** und das **Acetator-** oder **Submersverfahren**. Beim Oberflächenverfahren bilden die Bakterien auf der Oberfläche eine Haut (Kahmhaut). Bei Fessel- und Submersverfahren befindet sich die Flüssigkeit ständig in Bewegung. Die Essigsäurebakterien haften entweder auf einem Trägermaterial (Fesselgärverfahren) oder befinden sich frei in der Flüssigkeit flottierend (Submersverfahren).

Das Orléans-Verfahren

Bei diesem ältesten Oberflächenverfahren der technischen Essigherstellung lässt man Wein oder andere alkoholhaltige Ausgangsmaterialien an der Luft stehen. Dadurch gelangen Essigsäurebakterien in die ruhende Flüssigkeit und bilden an der Oberfläche eine Haut. Mit Hilfe des Sauerstoffs wird der Alkohol zu Essigsäure umgesetzt, wobei die höchsten Ausbeuten bei etwa 10 % Säure liegen. Dieser Vorgang verläuft in Holzfässern mit einem Fassungsvermögen von 200 bis 300 Litern, die nur zu einem Drittel, höchstens aber bis zur Hälfte mit einem Gemisch aus Wein und Weinessig gefüllt sind. Der Sauerstoff gelangt durch Ausbohrungen, die etwa 5 bis 10 cm über der Flüssigkeitsoberfläche angebracht sind und einen Durchmesser von ungefähr 2,5 cm haben, über die Flüssigkeit. Für einen zügigen Gärverlauf sollte die Temperatur mindestens 20 °C, besser 25 bis 26 °C betragen. Durch Reaktionswärme steigt die Temperatur der gärenden Flüssigkeit gegenüber der Umgebungstemperatur leicht an. Die an der Oberfläche befindliche Bakterienhaut sollte während der mehrwöchigen Umsetzung nicht zum Absinken gebracht werden. Man rechnet pro Quadratmeter Oberfläche mit einer Umsetzungsrate von etwa einem halben Liter

reinem Alkohol pro Tag. In Abständen von einer Woche werden 10 bis 15 Liter Rohessig abgezogen und durch Wein ersetzt. Die Essigbildung wird beendet, wenn der Alkoholgehalt auf weniger als 1 % abgesunken ist. Ein restloser Verbrauch des Alkohols muss vermieden werden, weil der bereits gebildete Essig bei Alkoholmangel durch den Produktionsorganismus *A. orleanensis* weiter oxidiert würde.

Nach Abschluss der Vergärung wird die verbliebene Flüssigkeit unter der Bakterien- oder Kahmhaut (Essigmutter) abgelassen, möglichst ohne diese zu zerstören. Anschließend wird die Kahmhaut mit neuer Maische, einem Gemisch aus Wein und Weinessig, unterschichtet, der Prozess kann erneut beginnen. Dieser Vorgang wird so lange fortgesetzt, bis eine Verschleimung der Flüssigkeit die gründliche Reinigung des Fasses notwendig macht. Die Schichthöhe der Maische hat großen Einfluss auf die Geschwindigkeit und die Ausbeuten der Vergärung und sollte im optimalen Fall ungefähr 25 cm betragen. Durch gezielte Beimpfung mit *A. orleanensis* lassen sich das Essigaroma und die Ausbeute weiter verbessern.

Heute haben manche Essighersteller neben moderneren noch immer das Orléans-Verfahren in Gebrauch, weil der hiermit erzeugte Essig ein besonders harmonisches Aroma haben soll. Der Prozess wurde vielfach verbessert, es werden zum Beispiel Holzgitter verwendet, die auf der Flüssigkeitsoberfläche schwimmend die Bakterienhaut tragen. Diese Verbesserung geht auf einen Vorschlag Pasteurs zurück. Die Nachteile des Orléans-Verfahrens: Der Bedarf an Lagerkapazität und Behältern ist groß und der Arbeits- und Zeitaufwand beträchtlich.

Buchenholzspäne – ein heute fast historisches Trägermaterial für Essigbakterien in großen Generatoren.

Solera-Verfahren: In Jerez in Andalusien durchlaufen die Essige verschiedene Fassreihen, um nach vielen Jahren als voll ausgereifte „Sherry-Essige" entnommen zu werden.

Das Schuezenbach-Verfahren

Diese Methode der Essigherstellung wird auch als Deutsches oder Schnellessigverfahren bezeichnet. Es handelt sich dabei um ein Fesselverfahren, da die Essigsäurebakterien an ein Träger- oder Füllmaterial gebunden sind. Die Maische sickert dabei durch ein Füllmaterial, auf dem sich die Bakterien entwickeln und ansiedeln. Als Füllmaterial dienen besonders Rotbuchenholzspäne mit einer rauen, reich gezahnten Oberfläche. Wenn nur mit Wasser verdünnter, reiner Alkohol als Substrat verwendet wird, haben diese Späne eine Lebensdauer von 30 bis 50 Jahren, bei Verwendung von Weinmaischen ist die Haltbarkeit wesentlich geringer. Im unteren Teil der Fermentationsbehälter sind Öffnungen vorhanden, durch die Luft eintreten kann. Die Menge der zulaufenden Maische und die Durchflussgeschwindigkeit müssen bei diesem Verfahren so gehalten werden, dass

unten ein fertiger Essig abfließt. Dieser Essig hat dann einen Säuregehalt von 10 bis 13 %.

Das Generator-Verfahren

Eine wesentliche Weiterentwicklung der Schuezenbach-Methode ist das Generator-Verfahren oder Frings-Verfahren. Ein großer Teil der Essighersteller arbeitet noch heute nach diesem System, bei dem das Grundprinzip des Schuezenbach-Verfahrens dahingehend erweitert wurde, dass die zu vergärende Mai-

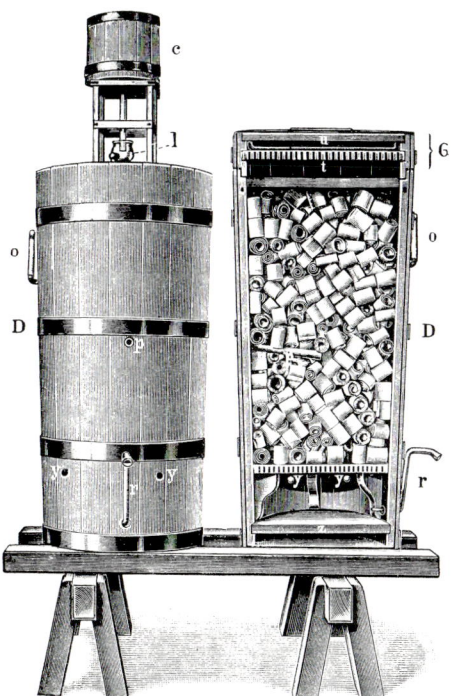

Abb. 1: Ein Essigbildner aus Eichenholz um 1915. Als Füllmaterial dienen Buchenholzspäne. Aus: DELBRÜCK (1915).

sche nicht einmal, sondern mehrfach über die Bakterien tragenden Buchenholzspäne geführt wird. Luft wird im Gegenzug von unten eingeblasen. Diese Vorgehensweise bringt wesentlich höhere Säureausbeuten.

Das Acetator-Verfahren

Dieses Submersverfahren ist die modernste und effizienteste Methode zu Herstellung von Essig. Die Fermentationen finden im so genannten Submerstank aus säurefestem

Ein 200-l-Acetator zur Herstellung hochwertiger Essigraritäten.

Material (Edelstahl oder imprägniertes Holz) statt. Diese Tanks werden ihrer speziellen Funktion wegen auch Acetatoren genannt. Im mikrobiologischen Bereich ist eine wesentliche Neuerung zu erkennen: Die Essigsäurebakterien wachsen nicht mehr an der Flüssigkeitsoberfläche oder auf Trägermaterialien, sondern treten in der Nährstofflösung frei flottierend (submers) auf.

Die Essigherstellung mit dem Acetator-Verfahren ist eine so genannte halbkontinuierliche Fermentation. Wenn die Alkoholkonzentration der Nährlösung auf 0,3 %vol abgesunken ist, erfolgt ein Austausch von etwa einem Drittel des Tankinhalts mit frischer Maische. Die halbkontinuierliche Gärführung ermög-

licht die Herstellung von Essigen mit maximal 15 % Säuregehalt, da die Bakterien im Acetator bei einer Essigkonzentration von 8 % optimal wachsen, bei mehr als 14 % jedoch ihr Wachstum einstellen. Mit dem Maischewechsel wird nicht nur die Alkoholkonzentration der vorliegenden Nährlösung erhöht, sondern auch der Säuregehalt auf für das Wachstum der Essigsäurebakterien günstige 9 bis 10 % reduziert. Mit dem Acetator werden durch die geringeren Verdunstungsverluste von Alkohol Ausbeuten von 95 bis 98 %, also bedeutend höhere als mit dem Generator-Verfahren, erreicht. Diese gesteigerte Produktivität ist von besonderer ökonomischer Bedeutung, da nahezu 85 % der Herstellungskosten auf den Preis des Rohstoffs Alkohol zurückzuführen sind.

Ein Nachteil der Essigherstellung mit dem Acetator-Verfahren ist die relativ teure Anschaffung der apparativen Ausstattung und ein hoher Energiebedarf. Außerdem reagieren die Essigsäurebakterien extrem empfindlich auf einen selbst nur kurzfristigen Sauerstoffmangel, beispielsweise durch Stromausfall. Die Acetatoren sind deshalb oft mit einem Notstromaggregat ausgestattet. Vorteilhaft sind die gesteigerten Essigausbeuten sowie Platz- und Zeitersparnis.

Während der Essigbildung erfolgt eine ständige Kontrolle der bereits gebildeten Essigsäure und des noch vorhandenen Alkohols mittels spezieller Sonden. Für die Herstellung von Essigspezialitäten sind Minifermenter mit 200 Liter Fassungsvermögen auf dem Markt. Diese Geräte finden zum Beispiel bei der Essigmanufactur Weyers in Köln oder auch bei Erwin Gegenbauer in Wien Anwendung. Die hergestellten Spezialitäten reichen von Zwetschgenessig bis zum Himbeer- oder sortenreinen Weinessig. Nach einem wesentlich vereinfacheteren Verfahren funktionieren die in diesem Buch beschriebenen kleinen automatischen Anlagen für den Hausge-

So wird Essig in anderen Ländern produziert

Die Methoden und die maschinellen Einrichtungen zur Essigherstellung sind in allen Industrieländern sehr ähnlich. Überwiegend wird nach dem Generator- und/oder Acetator-Verfahren gearbeitet. Unterschiedlich sind jedoch die Art und die Herkunft der jeweiligen Rohstoffe. Hier einige Beispiele:

In **England**, besonders in **Schottland**, hat die Gewinnung alkoholischer Getränke aus Getreide eine lange Tradition (Whisky). Weinbau wird nur in sehr begrenztem Umfang an der Südküste Englands betrieben. Vorherrschendes alkoholisches Getränk ist deshalb Ale, das englische Bier. Essig entstand dort mit Sicherheit durch spontane Versäuerung. Leicht lässt sich nachvollziehen, dass sich die Essigindustrie Großbritanniens aus den Brauereien entwickelte. Analog zum vinegar (wörtlich übersetzt: saurer oder scharfer Wein) nannte man das aus Bier gewonnene saure Produkt alegar. Mittlerweile wird auch in Großbritannien Essig aus den in Kontinentaleuropa gebräuchlichen Vorstufen, also aus Importweinen, Obstmosten oder höherprozentigen Spriten hergestellt.

Ähnlich entwickelte sich die Tradition der industriellen Essigproduktion in **Südafrika**. Dort werden noch heute beachtliche Mengen an Malzessig aus der Versäuerung von Getreidemaischen gewonnen. In Südafrika wird zur Herstellung von Malzessig das so genannte Fardon-Verfahren eingesetzt. Hierbei wird mit zwei Fermentationsbehältern gearbeitet, die abwechselnd betrieben werden. Zur Beimpfung der Nährlösung mit Essigsäurebakterien dient ein Teil der umgesetzten Maische des jeweils anderen Bioreaktors. Durch Weiterentwicklungen und zweistufige Vergärung können mit diesem Verfahren mittlerweile Essige mit einem Säuregehalt von 180 g/l gewonnen werden.

In **Nordamerika** wird Essig zum weitaus größten Teil aus Synthesealkohol hergestellt und white distilled vinegar, also weißer destillierter Essig, genannt. Das ist falsch, weil nicht der Essig selbst, sondern der Rohstoff für dessen Produktion, der Alkohol, durch Destillation gewonnen beziehungsweise angereichert wird. In England hingegen ist unter destilliertem Essig tatsächlich das Destillat eines Malzessigs zu verstehen. Synthesealkohol wurde in Amerika erst ab 1950 als Rohstoff der Essigherstellung gebräuchlich, seine chemische Gewinnung erfolgt aus Ethen (früher: Acetylen), das in natürlichem Erdgas vorkommt. Davor dienten Melassen, die zuckerhaltigen Abfalllösungen der Rohr- und Rübenzucker-Raffination, als Grundstoff für eine alkoholische Vergärung durch Hefen und die anschließende Versäuerung durch Essigsäurebakterien.

Auch in anderen Ländern wurden vermehrt natürliche Stoffe zur Gewinnung von Alkohol verwendet, so zum Beispiel Molke in der **Schweiz**. Wenn der Molkealkohol für die Essigherstellung weiter verwertet wird, heißt das Endprodukt Molkeessig.

brauch oder für die Selbstvermarktung im kleinen Maßstab (siehe Seite 49).

Mit industriellen Acetatoren, die ein Volumen von 50 000 Litern aufweisen, können täglich bis zu 12 000 Liter Essig mit einer Essigsäurekonzentration von 10 % produziert werden. Neben Branntweinessig werden in Deutschland vorwiegend Wein- und Apfelweinessige erzeugt. Deren erreichbare Säuregehalte sind durch die geringeren Alkoholkonzentrationen der Rohstoffe auf maximal 13 % beziehungsweise 7 % begrenzt.

Die industrielle Essigproduktion

Zur Essigherstellung lassen sich alle Ausgangsstoffe verwenden, die einer alkoholischen Vergärung zugänglich sind. Die bei weitem wichtigsten Rohstoffe der Speiseessig-Produktion sind nach wie vor Wein und Alkohol, die so genannten Sprite, die durch Destillation vergorener Materialien vorwiegend landwirtschaflicher Herkunft gewonnen werden (Wein- und Branntweinessig). Für Spezialessigarten werden die entsprechenden Rohstoffe mit Hefen zu alkoholhaltigen Produkten vergoren und dann zum betreffenden Essig oxidiert. Beispiele für derartige Gärungsessige sind Weinessig, Kartoffelessig, Malzessig, Rosinenessig, Reis- oder Maisessig oder Molkeessig. Es gab auch Versuche, kohlenhydrathaltige Abfallstoffe wie Stroh oder Papier zuerst zu Alkohol zu vergären und diesen dann anschließend zu Essig zu oxidieren. Weitere derartige Rohmaterialien waren Schalen und Kerne, die bei der Ananassaft-Herstellung zurückblieben, oder stärkehaltige Kartoffelabwässer. Auch vergorene Wassermelonensäfte können einen aromatischen Essig ergeben.

Auch eine rein chemische Synthese von Essig ist möglich. Allerdings ist solcher Syntheseessig derart hoch konzentriert (Essigsäuregehalte von 60 bis 80%), dass er für die Verwendung als Speiseessig entsprechend stark verdünnt werden muss (in der Regel auf einen Säuregehalt von etwa 20%). Erst dann kann er in gewissem Umfang zum Einlegen von Sauerkonserven oder im Haushalt als Reinigungsmittel verwendet werden. In der Küche haben Syntheseessige nichts verloren, da sie nur sauer sind und nach nichts schmecken – es fehlen sämtliche Aroma- und Geschmackskomponenten, die in Naturessigen vorhanden sind.

Da man in Deutschland und den wichtigen Wein produzierenden Ländern über eine ausgereifte Kellereitechnik verfügt, werden zunehmend auch Weine besserer Qualität zu

Im Handel befindliche Essigessenz für Reinigungszwecke besitzt einen Säuregehalt von 25%. Obstessige werden auf 5% Säure, Weinessige auf 6% Säure eingestellt. Der Säuregehalt kann auch in Gramm pro Liter angegeben werden. Ein Essigsäuregehalt von 5% entspricht 50 g/l.

Essig verarbeitet. Früher dienten nur fehlerhafte Weine, zum Beispiel mit Essigstich, als Grundstoff zur Essigbereitung. Aus Qualitätswein jedoch wird man immer einen schmackhafteren und aromatisch ansprechenderen Essig erhalten. Wenn qualitativ hochwertige Weine zur Essigherstellung herangezogen werden, empfiehlt es sich, rebsortenreine Weine zu verwenden. Resultat sind Essige, deren Aromen deutlich an die jeweilige Rebsorte wie Riesling, Kerner, Müller-Thurgau, Gutedel, Trollinger, Portugieser oder Lemberger erinnern.

Für das Wachstum der Essigsäurebakterien und eine optimale Säurebildung ist Alkohol als alleinige Kohlenstoff-Quelle nicht ausreichend. Es müssen noch weitere organische Nährstoffe wie Rohr- oder Rübenzucker, Melassesirup, Traubenzucker (Glucose) oder Malzextrakt zugesetzt werden. Malzextrakt dient gleichzeitig als Wirkstofflieferant (zum Beispiel von Vitaminen, Aminosäuren etc.). Zur besseren Entwicklung der Essigsäurebakterien ist es notwendig, auch anorganische Nährstoffe, vor allem Ammonium-, Kalium- und Natriumphosphate sowie Ammoniumsulfat, Calciumcarbonat und Magnesiumsulfat, zuzugeben.

Das Wachstum und damit auch die Fähigkeiten der Säurebildung der Essigsäurebakterien in den zu vergärenden Rohstoffen Wein, Most, Bier und anderen alkoholhaltigen wässrigen Lösungen werden gehemmt durch schweflige Säure (Sulfit). Je höher eventuell vorhandene Sulfitkonzentrationen sind, desto

Ein im Jahre 1941 erbauter Generator, der seither bei der Essigmanufaktur Weyers in Köln zur Essigproduktion im Einsatz ist.

Die industrielle Essigherstellung in Zahlen
Die Weltjahresproduktion von Essig beläuft sich auf ungefähr 1,6 Millionen Tonnen, bezogen auf einen Essigsäuregehalt von 10 %. Hiervon werden etwa 80 % mikrobiell, also durch Gärung erzeugt und sind daher als Gärungsessig anzusehen. Die restlichen 20 % entstammen chemischen Synthesewegen aus unterschiedlichen Grundstoffen. Hierbei ist das Endprodukt Essigsäure in verschieden hohen Konzentrationen, die zu Speisezwecken entsprechend mit Trinkwasser verdünnt wird.

Synthetisch hergestellte Essige sind im Vergleich zu Gärungsessigen immer weniger gehaltvoll, sie weisen geringere Mengen an Geschmack gebenden Stoffen und Aromakomponenten auf, die in die Gärungsessige zum einen durch die meist pflanzlichen Rohstoffe (Weintrauben beziehungsweise Wein oder Branntwein, Obstsäfte und -moste), zum anderen durch Gärungsmikroorganismen eingebracht werden. Synthese-Essige sind vorwiegend in Nordamerika heimisch, in Europa gibt es solche Produkte selten als Speiseessig.

Die jährliche Herstellungsmenge an Essig beläuft sich in Nordamerika auf etwas mehr als 500 000 Tonnen, in Europa auf ungefähr 450 000 Tonnen, wovon in der Bundesrepublik Deutschland etwa 140 000 Tonnen produziert und vermarktet werden. Die Daten beziehen sich immer auf Essig mit einem Essigsäuregehalt von 10 %. Die entsprechenden Umsatzzahlen in Nordamerika lauten: 540 Millionen DM, in Europa 480 Millionen DM und in Deutschland 150 Millionen DM. In Europa und überwiegend auch in Asien sind Gärungsessige vorherrschend, den größten Anteil nimmt Branntweinessig mit etwas mehr als 60 % ein, gefolgt von Wein-Branntweinessig mit ungefähr 30 %. Der Rest sind meist Obst- und Malzessige und weitere spezielle Essigsorten.

stärker wird die Essigbildung beeinträchtigt. Vorteilhaft ist dies bei der Haltbarkeit von Trauben- oder Obstweinen, Nachteile bringt die Schwefelung, wenn diese Weine anschließend zur Essigherstellung herangezogen werden. Hier besteht die Möglichkeit, dass die Essigbildung beziehungsweise das Heranziehen der Essigbakterien durch Sulfit vollständig unterbunden wird.

Weiterbehandlung industrieller Rohessige

Nach der mikrobiologischen Herstellung werden zuerst alle trübenden Stoffe, eventuell Essigälchen (siehe Seite 62), die Essigsäurebakterien selbst oder auch Schleime durch Filtration beseitigt und vom Rohessig getrennt. Die Filtration erfolgt in der Regel über Kieselgurschichten. Anschließend muss der Essig zur Reifung gelagert werden, insbesondere sollte der eventuell vorhandene Geruch nach Klebstoff, der durch Essigsäureethylester hervorgerufen wird, verschwinden. Die Einlagerung muss möglichst unter Ausschluss von Sauerstoff erfolgen. Dies kann durch luftdichte Gefäße und deren randvolle Befüllung erreicht werden. Absolute Sicherheit gibt eine Überschichtung der Flüssigkeit mit Stickstoff oder Kohlendioxid. Die Lagerung sollte bei kühlen Temperaturen und im Dunkeln erfolgen.

Neben der Aromareifung und dem vollständigen Absterben der Essigsäurebakterien wird dadurch eine Selbstklärung des Essigs erzielt. Bei nur unvollständig erfolgter Selbstklärung

Essigfässer, die vor Jahrzehnten zur Auslieferung der Weyers-Essige im Einsatz waren.

ist eine Schönung mit Bentonit, Gelatine oder Kieselsol vorzunehmen. Entsprechende Verarbeitungsschritte können auch bei der häuslichen Essigbereitung durchgeführt werden (siehe Seite 56). Nach diesen Produktionsabschnitten stellt sich der gewünschte beziehungsweise gesetzlich vorgeschriebene Säuregehalt ein durch Verschneiden gleichartiger Essige mit unterschiedlichen Säuregehalten, vorwiegend bei Weinessig durch deklarationspflichtigen Verschnitt mit Traubensaft oder -most. Abschließend erfolgt die Endfiltration über Entkeimungsfilterschichten oder Membranfilter, eventuell eine Zugabe schwefliger Säure oder deren Salze im gesetzlich erlaubten Maß und, vor der kaltsterilen Abfüllung in die vorgesehenen Behältnisse, häufig eine Pasteurisation.

Die halbtechnische Essigbereitung

Der Begriff halbtechnische Essigbereitung bedeutet, dass Essige in relativ geringen Mengen (5–20 000 Liter/Jahr) mit begrenzter regionaler Verbreitung nach identischen oder sich ähnelnden Methoden meist mittels althergebrachter Oberflächenverfahren gewonnen werden. Oft geht die Produktionsmenge zwar erheblich über den Eigenverbrauch hinaus, sie sichert aber nicht die Existenz des Herstellers. Hersteller, die Essig in den Handelsverkehr bringen, müssen die entsprechenden Gesetzgebungen beachten. In Mitteleuropa sind dies vor allem Weingüter, die ihre Primärprodukte, nämlich Weine, zu Weinessigen unterschiedlichster Art veredeln. Diese werden häufig aus rebsortenreinen Weinen besserer Qualitäten hergestellt und gelten als Essigspezialitäten, die im Allgemeinen wegen ihrer individuellen und qualitativ besonderen Eigenschaften etwas teurer sind als die in Supermärkten angebotenen Essige industrieller Herkunft. Das heißt nicht, dass diese Handelsprodukte durchweg abzulehnen sind, im Gegenteil: Wer seinen eigenen Essig herstellen möchte, aber keine Lust oder keine Möglichkeit zur Durchführung der Essigsäurevergärung alkoholhaltiger Rohmaterialien hat, kann jederzeit die in Mitteleuropa handelsüblichen Grundessige zur Bereitung von Gewürzessigen oder anderen Essigen verwenden. Hobbyhersteller, die ohne wirtschaftliche Interessen nur für den Eigenverbrauch produzieren, sind nicht an die Gesetzgebung gebunden und können hinsichtlich der Rezepturen ihrer Fantasie freien Lauf lassen. Allerdings sollte das Produkt noch als Essig erkennbar sein.

Herstellungsverfahren

Die Herstellung halbindustrieller Essigmengen erfolgt nach Methoden, die weitgehend dem Orléans-Verfahren entsprechen. Meist verwendete Ausgangsstoffe sind Weine und Obstweine (Moste). Beide Ausgangsmaterialien haben bereits eine alkoholische Vergärung mit Hefen durchlaufen. Grundsätzlich können zur Essigbereitung aber auch unvergorene, zuckerhaltige Säfte eingesetzt werden, die allerdings zuerst einer alkoholischen Vergärung und anschließend der Essigfermentation unterworfen werden müssen. In diesem Fall sind möglichst zuckerreiche Rohstoffe zu verwenden, da die zu erzielende Alkoholmenge und in der Folge dann auch die Essigausbeute von der ursprünglichen Zuckerkonzentration abhängig ist. In der Spirituosenindustrie beziehungsweise im Brennereigewerbe sind aus diesem Grund und wegen der Besteuerung des gewonnenen Alkohols so genannte Ausbeutesätze für die gängigsten Rohstoffe festgelegt. Tabelle 2 führt die Zuckergehalte und die möglichen Alkohol-Ausbeuten verschiedener einheimischer Obstarten auf.

Die Essigsäureausbeute ist von der ursprünglichen Alkoholkonzentration folgendermaßen abhängig: Aus einem Teil Alkohol (Ethanol) entsteht ungefähr ein Teil Essigsäure. Zur Verdeutlichung dieser Mengenverhältnisse hier ein Beispiel: Ein aus vollreifen Weintrauben gewonnener Traubensaft enthält etwa 18 % vergärbaren Zucker. Nach vollständiger Vergärung möglichst mit geeigneten Reinzucht-Hefen wird der erhaltene Wein oder Most ungefähr 9 bis 10 % Alkohol aufweisen. Erfolgt nun eine essigsaure Vergärung des Weines oder Mostes mit Essigsäurebakterien, hat der daraus entstehende Essig einen Essigsäuregehalt von ebenfalls 9 bis 10 % (siehe hierzu Tabelle 2, Seite 30).

Tab. 2: Zuckergehalte und Alkoholausbeuten einheimischer Obstarten
(verändert nach TANNER & BRUNNER (1995) und BARTELS (1998))

Obstart	Zucker-gehalt (%)	Mittelwert	Ausbeute (Liter reiner Alkohol je 100 kg Rohstoff)	Mittelwert (l/100 kg)
Äpfel	6–15	10	3–6	5
Aprikosen	4–14	7	3–7	4
Birnen	6–14	9	3–6	5
Brombeeren	4–7	5,5	–	3
Fallobst (Äpfel/Birnen)	2–5	–	–	2,5
Heidelbeeren	4,5–6	5,5	–	3
Himbeeren	4–6	5	–	3
Holunderbeeren	4–6	5	–	3
Johannisbeeren, rot	4–9	4,5	–	3,5
Johannisbeeren, schwarz	4–11	6,5	–	3,5
Süßkirschen	6–18	11	4–9	6
Pfirsich	7–12	8	4–8	4,7
Pflaumen	6–15	8	4–8	5
Quitten	4–8	6	2,5–4	–
Wacholderbeeren (trocken)	–	20	10–11	–
Weintrauben	9–20	14	4–10	8
Zwetschgen	8–15	10	4–8	6

Aromatische Quitten liefern einen entsprechend hochwertigen Essig.

Nicht nur Pflaumenwein, auch Pflaumenessig ist eine fruchtige Spezialität – für erfrischende Getränke und sommerliche Salatkompositionen.

Tab. 3: Zuckergehalte und erzielbare Alkoholausbeuten tropischer Früchte bzw. entsprechender Säfte (verändert nach WÜSTENFELD & HAESELER (1964) und TÄUFEL et al. (1993))		
Frucht bzw. Saft	Zuckergehalt (%)	Ausbeute (Liter reiner Alkohol je 100 kg Rohstoff)
Ananas	11,6	5–6
Banane	18,2	8–9
Granatapfel	14,4	6–7
Guave	5,8	3–3,5
Kiwi	10,2	5
Mandarine	10,1	5
Mango	13,4	6,5–7
Papaya	9,1	4–4,5
Passionsfruchtsaft	9,3	4,5

Rohstoffe

Neben den in Europa heimischen Obstsorten sollen hier auch einige exotische Rohstoffe zur Essiggewinnung erwähnt werden. Mit großem Abstand sind Weintrauben, Zitrusfrüchte, Bananen und Äpfel die meist geernteten Obstarten. Es folgen Wassermelone, Mango, Ananas und Papaya. In Ländern mit reichen Ernten dieser Obstsorten sind die heimischen Essighersteller auf solche Ressourcen angewiesen, sobald der Zuckergehalt in den daraus gewonnenen Säften ausreichend hoch ist. Als Beispiel für die Verwendung geeigneter zuckerreicher Rohstoffe zur Essigproduktion kann Ahornsirup in Kanada angeführt werden.

Die Zuckergehalte von einigen tropischen Früchten und Fruchtsäften sind in Tabelle 3 aufgelistet. Einige Essigspezialitäten aus einheimischen und tropischen Früchten werden im Essigglossar (ab Seite 104) näher beschrieben.

Einfache Essigherstellung zu Hause

So könnte eine ganz einfache Anleitung zur Essigherstellung lauten: Man schütte eine Flasche Wein in eine ausreichend große, möglichst flache Schüssel und decke sie zum Schutz vor Obst- beziehungsweise Essigfliegen mit einem Stück Gaze ab. Dieser „Ansatz" sollte in einer Umgebung, die eine Temperatur von etwa 25 bis 27 °C aufweist, aufbewahrt werden. Früher oder später wird sich eine Essigbildung von ganz alleine einstellen. Ganz sicher ist demnach jeder in der Lage, unter Beachtung einiger weniger, einfacher Maßnahmen einen guten Essig selbst herzustellen.

Der jährliche Essigverbrauch pro Person liegt in den Industrieländern bei zwei bis drei Litern. Das bedeutet, dass eine vierköpfige Familie etwa zehn Liter Essig pro Jahr benötigt. Bei einer durchschnittlichen Gärdauer von drei Monaten müssten dementsprechend jeweils ungefähr 2,5 Liter zu vergärende Flüssigkeit, in der Regel verdünnter Wein, mit einer Essigmutter neu beimpft oder angesetzt werden. Hierbei richtet sich der Verdünnungsgrad des Weines beziehungsweise Obstweines (Most) nach der Alkoholkonzentration des zu vergärenden Vorsubstrates. Hat dieses beispielsweise einen Alkoholgehalt von etwa 11 %vol, wäre daraus ein Essig mit etwas mehr als 11 % Essigsäure zu erwarten. Handelsüblich ist in unseren Regionen ein Essigsäuregehalt von 5 bis 7 %.

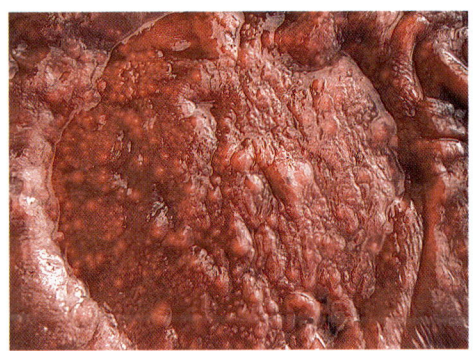

Diese Essigmuttern, zähe, mit Bakterien besetzte Schleimhäute, entstanden auf Apfel- (oben) beziehungsweise Himbeerwein.

Die Essigbereitung hat in vielen bäuerlichen Haushalten eine lange Tradition. Im Laufe der Jahrhunderte haben sich die unterschiedlichsten Methoden zur Herstellung von Gebrauchsessigen aus noch verwertbaren Wein- beziehungsweise Gärmostresten entwickelt. Allen gemeinsam ist das mehr oder weniger realisierte Oberflächenverfahren mit einer Essigmutter. Als Behältnisse dienten alte Holzfässer oder Glasballons mit möglichst großer Oberfläche. Diese Behälter hatten und haben immer noch ihren festen Platz im Keller, in der Küche oder an einem anderen, möglichst warmen Ort. Charakteristisch ist das offene Gärverfahren, das heißt ständiger Lufttritt an der Oberfläche und die Bildung der Essigmutter, einer auf der Oberfläche schwimmenden Schicht (Haut) aus cellulosehaltiger Gallerte und Essigsäurebakterien, die sich gerade dort wegen der Sauerstoffzufuhr angesiedelt haben. Das Verfahren ist ziemlich

Essigherstellung zu Hause (Gesamtübersicht)
(Optimale Temperaturbereiche: zwischen 24 und 28 °C)

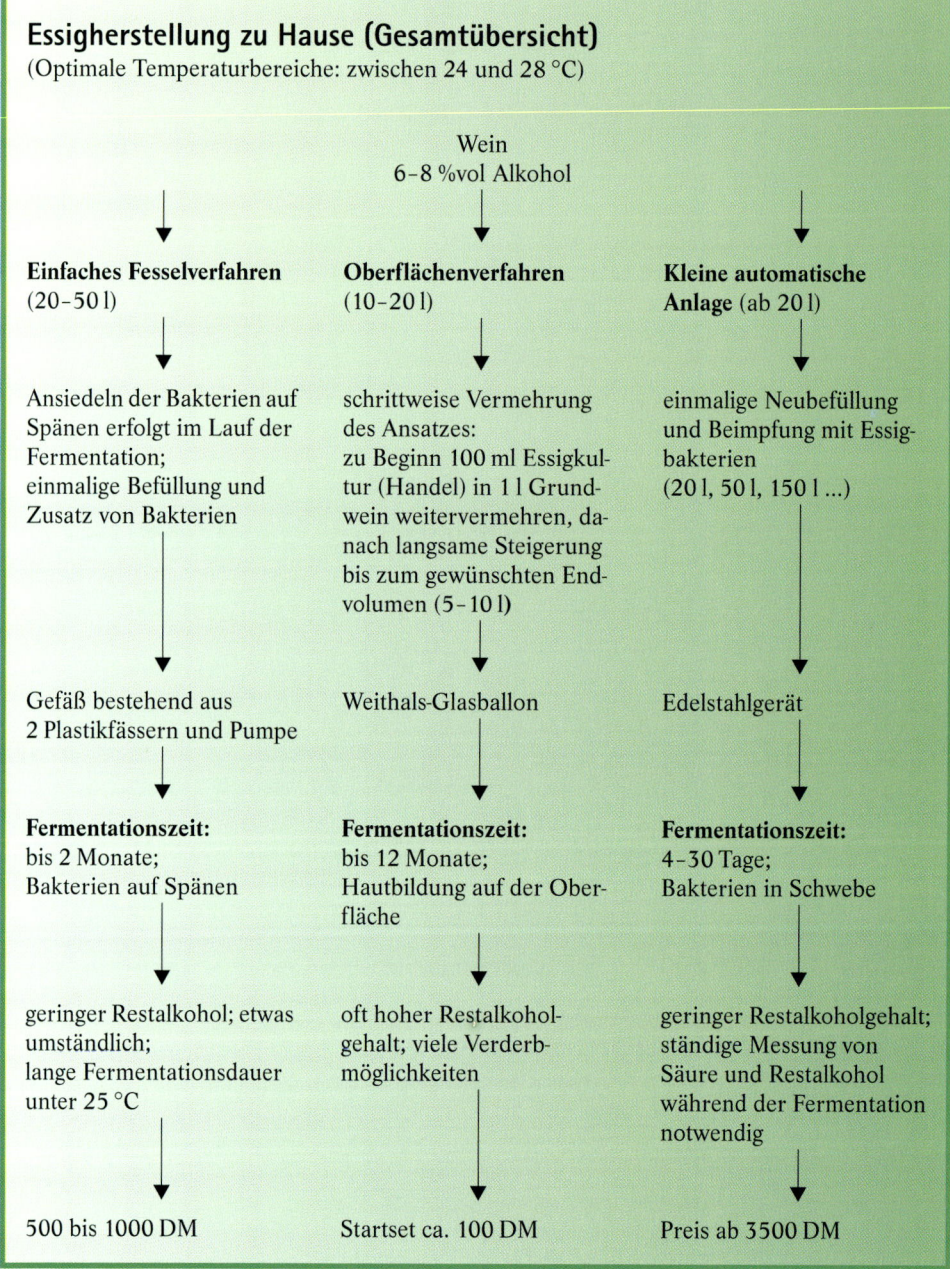

Wein
6–8 %vol Alkohol

Einfaches Fesselverfahren (20–50 l)	**Oberflächenverfahren** (10–20 l)	**Kleine automatische Anlage** (ab 20 l)
Ansiedeln der Bakterien auf Spänen erfolgt im Lauf der Fermentation; einmalige Befüllung und Zusatz von Bakterien	schrittweise Vermehrung des Ansatzes: zu Beginn 100 ml Essigkultur (Handel) in 1 l Grundwein weitervermehren, danach langsame Steigerung bis zum gewünschten Endvolumen (5–10 l)	einmalige Neubefüllung und Beimpfung mit Essigbakterien (20 l, 50 l, 150 l …)
Gefäß bestehend aus 2 Plastikfässern und Pumpe	Weithals-Glasballon	Edelstahlgerät
Fermentationszeit: bis 2 Monate; Bakterien auf Spänen	**Fermentationszeit:** bis 12 Monate; Hautbildung auf der Oberfläche	**Fermentationszeit:** 4–30 Tage; Bakterien in Schwebe
geringer Restalkohol; etwas umständlich; lange Fermentationsdauer unter 25 °C	oft hoher Restalkoholgehalt; viele Verderbmöglichkeiten	geringer Restalkoholgehalt; ständige Messung von Säure und Restalkohol während der Fermentation notwendig
500 bis 1000 DM	Startset ca. 100 DM	Preis ab 3500 DM

langwierig und, bedingt durch die offene Arbeitsweise, stark dem Befall mit Essigfliegen und deren Maden ausgesetzt. Außerdem kommt die Fermentation bei niedrigen Temperaturen (unter 18 °C) fast vollständig zum Erliegen. Erhöhte Restalkoholmengen im fertigen Essig in Verbindung mit einem bei warmer Lagerung wieder einsetzenden Wachstum der Essigsäurebakterien im Gärbehältnis und einem damit zusammenhängenden Geruch nach Klebstoff (Essigsäureethylester) sind die Folge.

Dennoch bietet das Oberflächenverfahren, für das nur wenige Hilfsmittel benötigt werden, einen preiswerten Einstieg in die Essigbereitung und kann leicht zur Herstellung für den eigenen Bedarf herangezogen werden. Um nicht enttäuscht zu werden, sind einige Dinge zu beachten.

Als Gefäß benötigt man einen gut zu reinigenden Behälter mit möglichst großer Öffnung, zum Beispiel einen Weithals-Glasballon, ein Kunststoff-Getränkefass oder ein offenes Gefäß aus Edelstahl, glasiertem Ton oder auch Holz. Als Verschluss und zum Schutz gegen das Eindringen von Essigfliegen ist eine Drahtgaze, ein feines Kunststoffgitter oder ein Tuch auf dem Behälter fest anzubringen.

Ein Edelstahlquirl, mit dem man Steinobst und Beeren schonend zerkleinern kann.

Bereitung des Grundweins

Um einen aromatischen Essig mit fruchttypischem Geruch und Geschmack herstellen zu können, ist die Bereitung eines reintönigen Grundweines nötig. Die Früchte werden gründlich gesäubert und anschließend zerkleinert. Das geschieht mit Hilfe von Obst- oder Beerenmühlen oder dem so genannten Kirschenquirl, der sich vor allem zur Zerkleinerung von Stein- und Beerenobst bewährt hat. Grüne und faule Pflanzenteile verleihen dem fertigen Wein einen unangenehmen, bitteren Geschmack und sollten deshalb vor dem Zerkleinern oder Einmaischen entfernt werden. Ausnahmen sind bei einer aufeinanderfolgenden Maische-Saft-Gärung möglich; in diesem Fall erfolgt das Auspressen der Früchte zur Erlangung der fruchttypischen Farbe erst einige Tage nach einsetzender Gärung. Rappen, Stiele und Kerne werden mittels Obsthandpressbeutel oder einer Presse mit feinmaschigem Presstuch problemlos entfernt. Die alkoholische Gärung wird mit Trockenreinzuchthefen durchgeführt. Bei einer Dosierung von 20 g/hl erreicht man eine reintönige Vergärung, die bei Temperaturen zwischen 14 und 16 °C zügig und problemlos verläuft.

Für die Bereitung des Grundweins benötigen Sie (einfache Grundausstattung):
- Apfelsaft, Traubensaft, Beerensäfte
- Aräometer zur Bestimmung des Zuckergehaltes
- Gärhefe (Weinhefe) Trockenzuchthefe (20 g/hl)
- Hefenährsalz (30 g/hl)
- Gärgefäß aus Plastik oder Glas mit Gärverschluss
- Trichter
- Faltenfilter für Weine und Moste („weich")

Bei einer reintönigen Vergärung entstehen nur wenig störende Gärungsnebenprodukte, zum Beispiel Stoffwechselprodukte anderer Mikroorganismen.

Empfehlenswert ist ein Zusatz von Hefenährsalz in einer Dosierung von ungefähr 30 g/hl. Kaliumdisulfit (Schwefelpulver) darf bei der anschließenden Verwendung des Weines zur Essigbereitung auf keinen Fall verwendet werden, weil Essigsäurebakterien gegenüber Sulfit sehr empfindlich sind und deren Wachstum sogar völlig unterdrückt werden kann. Zur Verbesserung der Klärung kann eine Bentonitgabe von 50 g/hl beitragen. Bentonite sind quellfähige Tone, die an ihrer Oberfläche Eiweiße binden können. Da nur vorgequollene Bentonite optimale Wirkung entfalten können, sollten sie einen Tag vor ihrer Verwendung in Wasser aufquellen. Bentonit wird durch die Gärtätigkeit gleichmäßig im Gärgefäß verteilt, nach beendeter Gärung setzt es sich mit Hefen und Trubstoffen auf dem Boden ab.

Der Zuckergehalt von Früchten wird mit einem Refraktometer beziehungsweise einer Oechsle- oder Mostgewichtswaage bestimmt. Für die erstgenannte Bestimmung werden nur einige Tropfen Fruchtsaft, für die beiden anderen Methoden etwa 250 ml Saft gebraucht. Weil der Zuckergehalt einzelner Früchte stark vari-

Tab. 4: Mindestsäuregehalte verschiedener Essige	
Essig	**Mindestsäuregehalt (% Säure)**
Obst- und Beerenessige	5
Weinessig	6
Ansatzessig	5 oder 6*
Aromatisierte Essige	
– Weinessigbasis	5
– Obst- oder Beerenessige	5
Branntweinessig	5
Branntwein-Weinessig	5

*Bei Ansatzessigen ist der Wassergehalt der Früchte bedeutend, der zu einer Verdünnung der Säure im Essig führt.

iert, erhält man Grundweine mit Alkoholgehalten zwischen 3 und 12 %vol.

Da bei der titrimetrischen Bestimmung des Säuregehalts die natürlichen Fruchtsäuren ebenfalls erfasst werden, können auch Grundweine aus säurehaltigen, zuckerärmeren Früchten wie Johannisbeeren oder Himbeeren ohne entsprechende Aufzuckerung besonders aromatische, fruchtige Essige mit 5 % Säure ergeben. Steht das Aroma des Ansatzes im Vordergrund, zum Beispiel bei einem Kräuteressig auf Weißweinbasis, darf dieser

Rohstoffe zur Grundweinbereitung: Obst, Gärhefe (Schälchen rechts), Hefenährsalz (Schälchen links) und bei Bedarf Pektinersatz (flüssig).

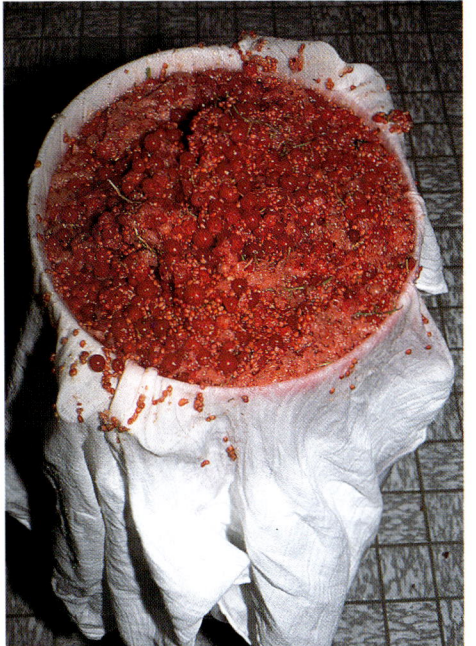

Eine ausgekochte Windel ist für kleine Obstmengen ein optimales Grobfiltermaterial.

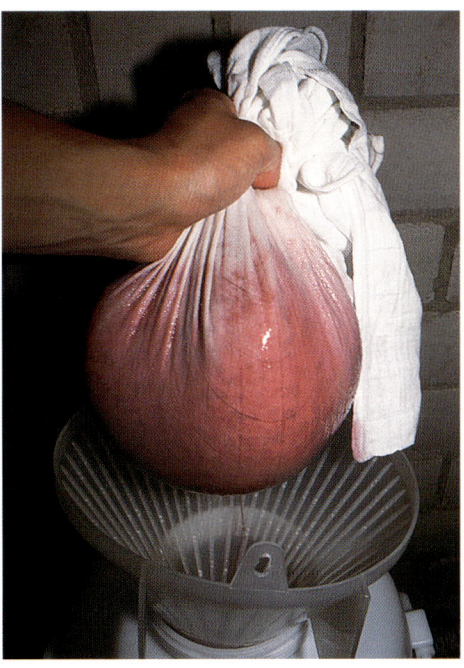

Um den letzten Tropfen angegorener Flüssigkeit auszupressen, wird die Windel eng geschnürt.

auch auf 5 % Säure eingestellt werden, obwohl Weinessig als Grundlage genommen wurde. Um Schwierigkeiten zu vermeiden, empfiehlt es sich, Ansatzessige auf Weinbasis mit 6 %, auf Obst- oder Beerenbasis mit 5 % Säure auszustatten.

Wie in Tabelle 5 dargestellt, enthalten die unvergorenen Säfte beträchtliche Säuremengen, die durch eine Neutralisationsreaktion mit Natronlauge bestimmt wurden. Durch die essigsaure Vergärung des entstandenen Alkohols (Alkoholausbeute [g/l] ungefähr 50 % des

Tab. 5: pH-Werte, Säure- und Zuckergehalte unvergorener Fruchtsäfte aus Gartenfrüchten (Sortengemische), Standort Göppingen

Frucht	pH-Wert	Säuregehalt (g/l)	Zuckergehalt* (g/l)
Brombeere	3,4	13,2	54
Himbeere	3,3	14,2	49
Holunder	4,4	14,4	41
Johannisbeere, schwarz	3,7	32,7	78
Pfirsich	3,9	7	92
*Bestimmung von natürlichem Invertzucker und Saccharose nach Dr. Rebelein			

Ein Refraktometer dient der Schnellbestimmung des Zuckergehaltes von Früchten.

Zuckergehaltes) wird die zusätzlich entstandene Essigsäure mitbestimmt, daraus resultieren im fertigen Essig fast immer Säuregehalte von 50 g/l oder 5 %.

1 g Alkohol	→	1,3 g Essigsäure (theoretisch)
1 g Alkohol	→	1 g Essigsäure (praktisch)
1 %vol Alkohol	→	1 %mas Essigsäure (theoretisch)
1 %vol Alkohol	→	0,8 %mas Essigsäure (praktisch)
1 %mas Säure	≙	1 g/100 ml Säure

Die Angabe des Alkoholgehaltes erfolgt in %vol (Volumenprozenten bei 20 °C), die Angabe des Essigsäuregehaltes in Gramm pro 100 Milliliter (g/100 ml) oder Prozent (siehe auch Seite 77 und 85).

Bei Verwendung von im Fachhandel erhältlichen Fruchtsaftkonzentraten, die mit unterschiedlichen Geschmacksrichtungen auf einen Zuckergehalt von ungefähr 65 Brix eingestellt sind, sind der häuslichen Essigbereitung aus allen möglichen Früchten keine Grenzen gesetzt. Diese Fruchtsaftkonzentrate werden zur Essigbereitung 5- bis 6fach verdünnt, mit Gär-

hefe versehen und in zwei bis drei Wochen zu Alkohol vergoren. Derartig hergestellten Frucht- oder Beerenwein nimmt man von der Hefe und setzt ihn dann direkt zur Essigherstellung ein. Durch die Art der Aufbereitung sind die aus Konzentrat hergestellten Weine beziehungsweise Essige in der Regel in Geruch und Geschmack nicht ganz so gut wie die aus frischen Rohstoffen. Trotzdem ist dies eine preiswerte, mit nur geringem Arbeitsaufwand verbundene Möglichkeit, um wertvolle Erfahrungen zur Essigherstellung zu sammeln.

Bestimmung des Zuckergehaltes
Die Bestimmung des Zuckergehaltes erfolgt auf optische Art und Weise mit dem Refraktometer oder mit so genannten Saccharometern (Aräometern). Diese sind in der Flüssigkeit schwimmende Senkwaagen, die je nach Dichte der Flüssigkeit mehr oder weniger tief in die Lösung eintauchen.
Die Maßeinheiten sind für Refraktometer und Saccharometer gleich:
°Brix (Brix-Grade) ⎫ ≙ %mas Saccharose
%mas E (Extrakt) ⎭ (in der Praxis)
In der Praxis treten zwar keine reinen Saccharoselösungen auf, ein Übertrag auf den Massengehalt %mas Extrakt oder auch ° Bx ist jedoch ohne großen Fehler zulässig.

Wenn der Zuckergehalt der Beeren oder Früchte sehr gering ist, kann „aufgezuckert" werden, um eine ausreichende Alkohol- beziehungsweise Essigkonzentration zu erhalten. Als Faustformel gilt: Eine Trockenzuckerung von 2 kg Zucker auf 100 Liter Saft bewirkt eine Erhöhung des Alkohol- und damit des späteren Essigsäuregehalts um etwa 1 g/l. Dabei wird der Zucker in fester Form in den Saft gerührt.

Als Gärgefäße eignen sich vor allem Glas-, Kunststoff- oder Edelstahlbehälter mit Auslauf und Gärverschluss, der mit einer geeigneten

Sperrflüssigkeit, zum Beispiel einer 2 %igen Lösung aus schwefliger Säure gefüllt ist.

Weitere Einzelheiten können der Fachliteratur zur Herstellung von Obst-, Frucht- und Beerenweinen entnommen werden (siehe Seite 113).

Das Ausgangsmaterial

Das Ausgangsmaterial, ein qualitativ hochwertiger Wein oder vergorener Most aus Trauben, Kernobst, Früchten oder Beeren sollte, wenn man bereits bei der Herstellung Einfluss nehmen kann, möglichst nicht geschwefelt sein (max. 20–30 mg SO_2/l). Die Bakterien gären dann wesentlich schneller an, was eine raschere Bildung von Essigsäure zur Folge hat. Auch der Alkoholgehalt sollte zumindest bei der Anzucht der Bakterienkultur 7 bis 8 %vol nicht überschreiten. Hat man den Zuckergehalt des Saftes bestimmt, kann daraus grob der entstandene Alkoholgehalt des Weins berechnet werden:

Ein Kunststoffbehälter mit Gärverschluss eignet sich sowohl zur alkoholischen als auch zur essigsauren Vergärung.

> Alkoholgehalt = (%mas E − x) × 0,56
> Alkoholgehalt: in % oder Liter Alkohol pro
> 100 Liter Most
> E: Extrakt (Messwert)
> x: Korrekturfaktor für verschiedene Obstarten. Als Durchschnittswert kann mit 3,5 % gerechnet werden. Ausnahmen: Kirschen: 4,5 %, Zwetschgen: 4,5 %, Äpfel: 2,5 %.

Beispiel: Welchen Alkoholgehalt hat ein Apfelsaft mit gemessenen 13,5 % Extraktgehalt?

Alkoholgehalt (Liter Alkohol/100 Liter vergorener Saft) = (13,5 % − 2,5 %) × 0,56 = 6,2 %.

Theoretisch können aus diesem Wein mit ungefähr 6,2 %vol Alkohol 6,2 % Essigsäure gewonnen werden. Die praktische Ausbeute

wird bei 5 % Säure oder 50 g/l Säure liegen, bedingt durch Alkoholverluste bei der Fermentation (siehe Kasten Seite 53).

Später können Weine mit Alkoholgehalten um die 10 %vol aufgeschüttet werden. Selbst hergestellte Weine sollten sich vor dem Einsatz zur Essigherstellung geklärt haben. Ansonsten ist eine Filtration empfehlenswert, die beim Einsatz eines Schichtenfilters bis zur Feinheit einer Entkeimungsfiltration betrieben werden kann. Für den häuslichen Gebrauch eignen sich auch die so genannten Papier-Faltenfilter in weicher, mittlerer oder harter Ausführung in Einheitsgröße je nach gewünschter Feinheit der Filtration. Leicht fehlerhafte Weine müssen zur Vermeidung von Fremdinfektionen kurz auf ungefähr 60 °C erhitzt und danach so schnell wie möglich in einem Eiswasserbad auf eine Ansatztemperatur von etwa 28 °C abgekühlt werden.

Stark fehlerhafte Weine sollten nicht verwendet werden, da der doch erhebliche Arbeitsaufwand dann nicht mehr im Verhältnis zur Qualität des Endproduktes steht. Erfahrungsgemäß verstärken sich die bereits im Wein vorhandenen Fehler während der Essigfermentation noch zusätzlich – es können sehr bittere bis faulig riechende und schmeckende Produkte entstehen. Aus leicht oxidierten Weißweinen können jedoch durchaus noch wohlschmeckende und rebsortencharakteristische Essige hergestellt werden.

Essigmutter und einfaches Oberflächenverfahren

Damit sich von Anfang an eine befriedigende Essigkultur entwickelt, sollten Starterbakterien (Starterkulturen) vom Fachhandel oder

Starterkulturen erhält man beispielsweise bei den ab Seite 115 aufgeführten Anbietern in 100-ml-Poly-Flaschen. Natürlich können auch Bakterien beziehungsweise Starterkulturen von Freunden oder Bekannten übernommen werden, die schon länger eine Essigmutter „betreuen".

einem bekannten Essighersteller bezogen werden. Von sich spontan einfindenden Essigsäurebakterien ist abzuraten. Manchmal wird zum Beispiel eine Beimpfung mit Brot empfohlen. Dabei kann es jedoch vorkommen, dass eine mehrere Zentimeter dicke Haut entsteht, die den halbfertigen Essig vollständig von der Umgebung und damit vom Sauerstoff isoliert und dadurch die essigsaure Vergärung zum Erliegen bringt.

Normalerweise setzt man 100 bis 250 ml Starterkultur mit ungefähr einem Liter Grundwein in einem Fermentationsbehälter aus Glas oder Plastik an, verschließt das

Die Kahmhaut
Kahmhaut ist eine allgemeine Bezeichnung für einen Zellverband, der durch bestimmte Substanzen (Schleime) zusammengehalten wird. So wird bei *Acetobacter aceti* subsp. *xylinum* Cellulose ausgeschieden, wodurch eine zähe, ledrige Haut entsteht (die so genannte **„Essigmutter"**).

Leider bilden aber auch die so genannten „wilden" Hefen oder Kahmhefen wie *Hansenula anomala* oder *Pichia*-Arten solche Kahmhäute aus. Wie die Essigbakterien nutzen sie den gebildeten Alkohol als Nährstoffquelle und können so den erwünschten Essigsäurebakterien und deren Vermehrung zuvorkommen.

Mit ein wenig Übung kann jedoch schnell erkannt werden, ob die Haut auf der Oberfläche der alkoholischen Flüssigkeit von

Essigsäurebakterien oder von Kahmhefen gebildet wird:

Erstes Kennzeichen für die erwünschte Essigmutter ist der schon erwähnte charakteristische Klebstoff- oder lösungsmittelartige **Geruch** nach Essigsäureethylester. Sind Kahmhefen vorhanden, entströmt dem Gärbehälter ein etwas aufdringlicher Duft mit fruchtigen, fast unnatürlichen Komponenten. Eine weitere Unterscheidungsmöglichkeit ist **Farbe** und **Konsistenz** der gebildeten Haut. Schleime der Essigbakterien nehmen in der Regel die Farbe des Weines beziehungsweise des Substrates an. Eine Essigmutter auf Himbeerwein ist rot, eine Schleimhaut auf Apfelwein weiß mit in beiden Fällen zäher, ledriger Konsistenz.

Ein Kahmhefebelag ist dagegen in der Regel immer weiß und staubig.

Einige Tropfen von der Essigmutter ablaufende Flüssigkeit genügen, um einen kleinen Versuchsansatz zu beimpfen.

Gefäß mit dem Fliegenschutz und sorgt für eine Temperatur von 25 bis 28 °C. Empfehlenswert ist bereits eine Vortemperierung des Grundweines. Bereits nach wenigen Tagen bildet sich eine dünne Haut auf der Oberfläche und dem Gärgefäß entströmt ein ungewöhnlicher Geruch. Dies ist das Kennzeichen für arbeitende, aktiv fermentierende Essigsäurebakterien und die Bildung von Essigsäure. Der Geruch ist charakteristisch für Essigsäureethylester, einem Nebenprodukt der Essigfermentation. Sobald dieser charakteristische Geruch wahrnehmbar ist, kann man davon ausgehen, dass die Bakterien ihre Arbeit aufgenommen haben. Zumeist ist ab diesem Stadium auch nicht mehr mit Hefen als Verderborganismen zu rechnen.

Anzucht der Essigmutter für die Oberflächenverfahren

100–200 ml Bakterienkultur mit Wein (6–8 %vol) auf 1 Liter auffüllen.
Der Wein kann vorher mit Essignährsalz (30 g/hl) versetzt werden, wodurch die Nährstoffversorgung der Bakterien verbessert und somit die Anzucht erleichtert wird

↓

Im mit Fliegengaze abgedeckten 5-Liter-Weithalsglasballon bei 24–28 °C stehen lassen

↓

Nach 14 Tagen hat sich eine dünne Haut (Kahmhaut) gebildet und ein klebstoffartiger Geruch strömt aus

↓

Ansatz verdoppeln, ohne dass die Haut vollständig zerstört wird. Dafür einen weiteren Liter Wein vorsichtig zugeben

↓

Nun alle 14 Tage den Ansatz verdoppeln. Empfehlenswert ist die Anzucht mehrerer Behältnisse. Ist die gewünschte Ausgangsmenge erreicht, lässt man den Ansatz in Ruhe stehen (6–8 Monate) → neuer Ansatz

↓

Alten Ansatz bis zur vollständigen Vergärung stehen lassen

41

Wichtig ist es, bei der Anzucht der Essigsäurebakterien nicht die Geduld zu verlieren. In einigen Fällen können bis zur Bildung einer Essigmutter mehrere Monate vergehen. Sollte auf der Oberfläche des Ansatzes ein weißer Belag aus Kahmhefen entstehen, muss dieser abgeschöpft und weggeworfen werden. Den Ansatz überlässt man weiterhin sich selbst, da mit einsetzender Essigfermentation auch die Haut bildenden Hefen verschwinden. Die Unterscheidung zwischen gewünschter Essigmutter und unerwünschten Kahmhefen ist relativ einfach (siehe Kasten auf Seite 40).

Probleme mit Kahmhefen treten jedoch nur selten auf. Werden alle bereits geschilderten Maßnahmen und Bedingungen sorgfältig beachtet, kann die Vergrößerung des Ansatzes zügig stattfinden.

Die Ausgangsmenge kann nach zwei bis drei Wochen verdoppelt werden, wobei darauf zu achten ist, dass die auf der Oberfläche schwimmende Essigmutter nicht absinkt und ihre Bakterien nicht „ertrinken". Das geschieht durch vorsichtiges, langsames Nachfüllen von Grundwein. Ist die gewünschte Endmenge erreicht, lässt man den Ansatz am besten mehrere Monate bei 26 bis 28 °C stehen. Temperaturschwankungen sind in dieser Zeit zu vermeiden. Verschwindet der klebstoffartige Geruch, ist die Essigfermentation beendet. Überprüfbar ist dies auch durch Bestimmung des Restalkoholgehaltes und der Säure anhand von im Brennerei- oder Weinbaufachhandel erhältlichen Schnelltests. Will man weitere Gefäße beimpfen, sollte dies geschehen, bevor die Essigsäurefermentation im Ausgangsgärbehälter abgeschlossen ist, um noch möglichst viele lebende und aktiv fermentierende Bakterien einzusetzen. Der Ansatz erfolgt dann wieder wie zu Beginn geschildert. Auf diese Weise existieren Essigkulturen über mehrere Jahre, sogar Jahrzehnte, und führen so zur charakteristischen Ausprägung aller Eigenschaften des fertigen Essigs.

Die verbesserten Verfahren

Allen Verfahren gemeinsam ist, dass eine ständige Kontrolle der gebildeten Säuremenge und die Dokumentation der Bildung nötig ist. Hierzu wird eine bestimmte Menge Essig mit Natronlauge neutralisiert (siehe Seite 64 und 87). Vorteilhaft, aber wesentlich aufwendiger ist die zusätzliche Bestimmung des Restalkoholgehaltes. Liegt dieser im „fertigen" Essig über 1 %vol, kann mit dem ungewünschten Erscheinen einer Essigmutter in geöffneten Flaschen oder Glasballons gerechnet werden, da der Alkohol die Nahrungsquelle der Bakterien darstellt.

Verbessertes Oberflächenverfahren

Um die Essigbildung zu beschleunigen und das Absinken der Essigmutter mit den damit einhergehenden Gärstörungen zu vermeiden, sind nur wenige Verbesserungen des bestehenden Oberflächenverfahrens notwendig.

Sie benötigen als Grundausstattung:
- Möglichst sauberen Obst- oder Traubenwein mit nicht mehr als 10 %vol Alkohol
- Essigsäurebakterienkultur
- Essigsäurebakteriennährsalz (30g/hl)
- Schwimmkügelchen aus Plastik zur Stabilisierung der Essigmutter
- Gärbehälter aus Kunststoff oder Glas mit großer Öffnung
- Drahtgaze zur Abdeckung

Zusätzlich empfehlenswert:
- Plastikwanne, in die der Gärbehälter passt
- Aquarienheizstab
- Kaliumdisulfit und Zitronensäure zur Stabilisierung des Wassers in der Plastikwanne

Tab. 6: Beispiele für den Ablauf einer Essigfermentation im Oberflächenverfahren			
Fermentationsgefäß	60-l-Fass	60-l-Fass	60-l-Fass
Ausgangsprodukt	Quittenwein 7,5 %vol Alkohol 4,2 g/l Säure ungeschwefelt	Quittenwein 7,5 %vol Alkohol 4,2 g/l Säure ungeschwefelt	Birnenwein 6,5 %vol Alkohol 4,2 g/l Säure ungeschwefelt
Temperatur	23 °C	23 °C	23 °C
Ausgangs-pH-Wert	4,1	4,1	4,4
Abdeckung	Drahtgaze	Drahtgaze	Drahtgaze
Belüftung	keine	Oberflächenbelüftung mit Fritte und Aquarienpumpe	keine
Starterkultur	10 l	10 l	10 l
Gesamtmenge	40 l	40 l	40 l
Fermentationsdauer	8 Monate	6 Monate	6 Monate
End-pH-Wert	3,6	3,5	3,6
Säuregehalt des fertigen Essigs	68 g/l	63 g/l	60 g/l
Restalkoholgehalt	0,4 %vol	0,2 %vol	0,2 %vol

Wer vor der mehrere Monate dauernden Gärungszeit zurückschreckt und trotzdem keine größeren Summen in ein effektiveres Herstellungsverfahren investieren möchte, kann mit einigen kleinen Anschaffungen das Oberflächenverfahren qualitativ und auch zeitlich optimieren. Das verbesserte Oberflächenverfahren beruht auf einer einfachen Temperatursteuerung in Verbindung mit zusätzlicher Belüftung sowie einer Stabilisierung der Essigmutter durch Schwimmkörper. Schwimmkörper sind zum Beispiel einfache, lebensmittelechte Plastikkugeln mit etwa 1 cm Durchmesser. Sie sind überall im Fachhandel erhältlich. Benötigt wird eine einfache Plastikwanne und ein in der Leistung auf die Füllmenge der Wanne angepasster Heizstab mit Thermostat (pro Liter 1 Watt), wie sie in Aquarienfachgeschäften erhältlich sind. Man füllt die Plastikwanne mit lauwarmem Wasser, stellt den Essigfermenter, zum Beispiel einen oder mehrere Weithalsglasballons, in die Wanne und befestigt den Heizstab am Behälterboden oder an der Wand. Ein einfaches Zusatzthermometer dient der ständigen Temperaturkontrolle. Das Gärgefäß wird beimpft und verschlossen. Um eine zu starke Verdunstung zu vermeiden, jedoch eine geringe Luftzufuhr zu garantieren, empfiehlt sich ein mit Gaze verschlossenes Loch mit ungefähr 2 cm Durchmesser. Bereits nach zwei bis drei Tagen bildet sich eine Essigmutter. Normalerweise ist eine vollständige Vergärung nach ungefähr vier bis sechs Wochen vollzogen (Füllmengen ungefähr 2 bis 3 Liter pro 5-Liter-Weithalsballon). Um ein frühzeitiges Absinken der Essigmutter zu vermeiden, ist die Verwendung von Schwimmkügelchen empfehlenswert. Diese Kunststoffkügelchen werden gleich am Anfang auf die Flüssigkeit gelegt und dann fest in die Haut- beziehungsweise Schleimschicht der Essigmutter eingebaut. Nach beendeter Fer-

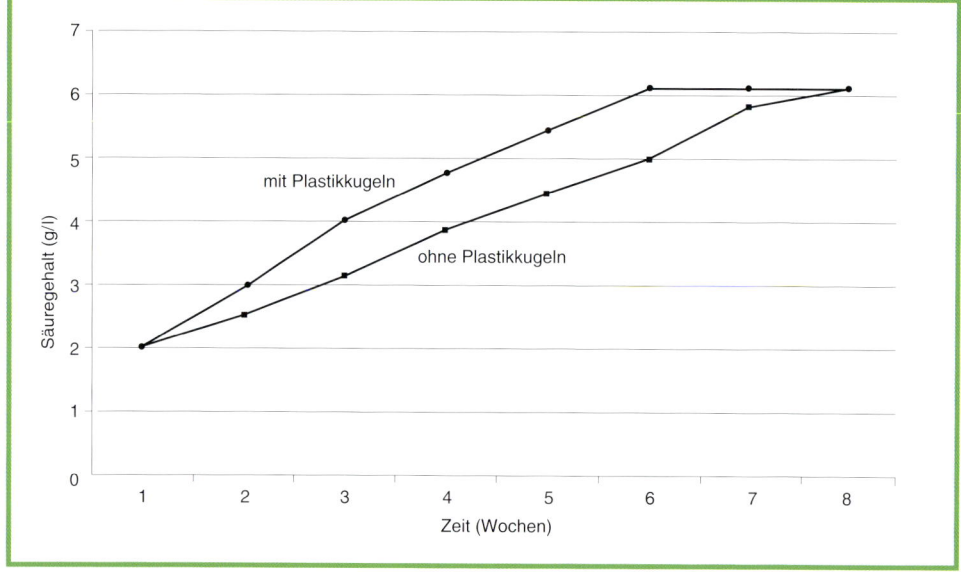

Abb. 2: Der Verlauf einer Johannisbeer-Essigfermentation aus Johannisbeerwein im verbesserten Oberflächenverfahren (28 °C). Die Plastikkugeln stabilisieren die Essigmutter. Der Ausgangswein hatte einen Alkoholgehalt von ungefähr 5 %vol und einen Säuregehalt von 12 g/l.

Eine Verbesserung erfährt das Oberflächenverfahren durch Warmwasserbad und Schwimmkügelchen.

mentation können sie einfach zusammen mit der Essigmutter zum Beimpfen neuer Ansätze verwendet werden.

Damit das Wasserbad während der Fermentation durch Erwärmung kein Eigenleben in Form von Algen, Verunreinigungen oder Fehlgerüchen bekommt, ist die Zugabe von Wasserbadkonservierungspräparaten oder 2 g Kaliumdisulfit und 1 g Zitronensäure auf 10 Liter Wasser empfehlenswert (im Fachhandel erhältlich). Es bildet sich eine geringe Menge an schwefliger Säure, die wirksam

Zu viele Schwimmkügelchen schirmen die Bakterien von der Umgebungstemperatur ab und verlangsamen so die Essigbildung – zehn Kugeln hätten genügt!

gegen mikrobiellen Verderb ist. Sie ist vergleichbar mit der Sperrflüssigkeit im Göraufsatz bei der Grundweinherstellung. Eine weitere Möglichkeit zu Temperierung der Essige bietet die Verwendung einer Heizdecke oder einer heizbaren Matte, die um den Fermentationsbehälter gelegt wird.

Eine sensorische Beurteilung nach dreimonatiger Lagerung von Essigen zeigt die Entstehung sauberer, reintöniger Essige mit feiner Säure und fruchttypischem Geruch und Geschmack – ein Ergebnis, das sicher durch den Einsatz frisch vergorener und hoch aromatischer Grundweine bedingt ist.

Vor allem bei der Herstellung von Apfelessig hat sich auch die Verwendung eines Nährsalzes, im Fachhandel erhältlich unter der Bezeichnung „Essignährsalz" zur besseren Nährstoff- beziehungsweise Mineralstoffversorgung der Essigsäurebakterien bewährt. In einer Konzentration von ungefähr 30 g/hl fördert es die Vermehrung der Bakterien und somit die Geschwindigkeit der Essigbildung deutlich.

Tab. 7: Herstellung von Essigspezialitäten im verbesserten Oberflächenverfahren

Fermentationsgefäß	Weithals-Glasballon (5 l)	Weithals-Glasballon (5 l)	Weithals-Glasballon (5 l)
Ausgangsprodukt	Brombeerwein 4 %vol Alkohol 19 g/l Säure ungeschwefelt	Pfirsichwein 5,5 %vol Alkohol 8 g/l Säure ungeschwefelt	Holunderwein 3,8 %vol Alkohol 32 g/l Säure ungeschwefelt
Temperatur	27 °C		
Ausgangs-pH-Wert	3,7	4,0	4,2
Abdeckung	Drahtgaze Kork 10 Schwimmkugeln pro Ansatz		
Belüftung	Täglich eine Stunde natürliche Belüftung durch Entfernen der Korkabdeckung		
Starterkultur	100 ml		
Gesamtmenge	2,5 l		
Fermentationsdauer	12 Wochen	14 Wochen	12 Wochen
End-pH-Wert	3,2	3,4	3,0
Säuregehalt des fertigen Essigs	50 g/l	52 g/l	54 g/l
Restalkoholgehalt	0,3 %vol	0,4 %vol	0,4 %vol

Einfaches Fesselverfahren

Dieses Verfahren ist vergleichbar mit dem Generatorverfahren. Für wenig Geld kann ein kleiner Fermenter gebaut werden, in dessen Innern die Essigbakterien an ein Trägermaterial, zum Beispiel Buchenholzspäne, gebunden sind. Ein 30 Liter fassendes Kunststoff-Getränkefass mit einer Füllung aus Buchenholzspänen dient dabei als Fermenter. Die groben Späne sind im Metzgereibedarf erhältlich. Sie dienen dort zum Räuchern von Wurst- und Fleischwaren (Type Kl 2/16).

Das Fass wird mit einem Gärverschluss und Sperrflüssigkeit versehen, erhöht aufge-

Sie benötigen:
- sauberen Wein
- Essigsäurebakterienkultur
- Essigsäurebakteriennährsalz (30 g/hl)
- Buchenholzspäne, saubere Maisspindeln oder Kunststoffträgermaterial (ca. 12,5 kg Späne für 30 Liter Essig)
- 2 30-l-Plastikfässer mit Gärverschluss
- 1 Pumpe (säurefest) mit Pumpengehäuse aus Kunststoff oder Edelstahl
- Silikonschlauch (ca. 4 m)
- Zeitschaltuhr
- warmen Raum oder Heizdecke

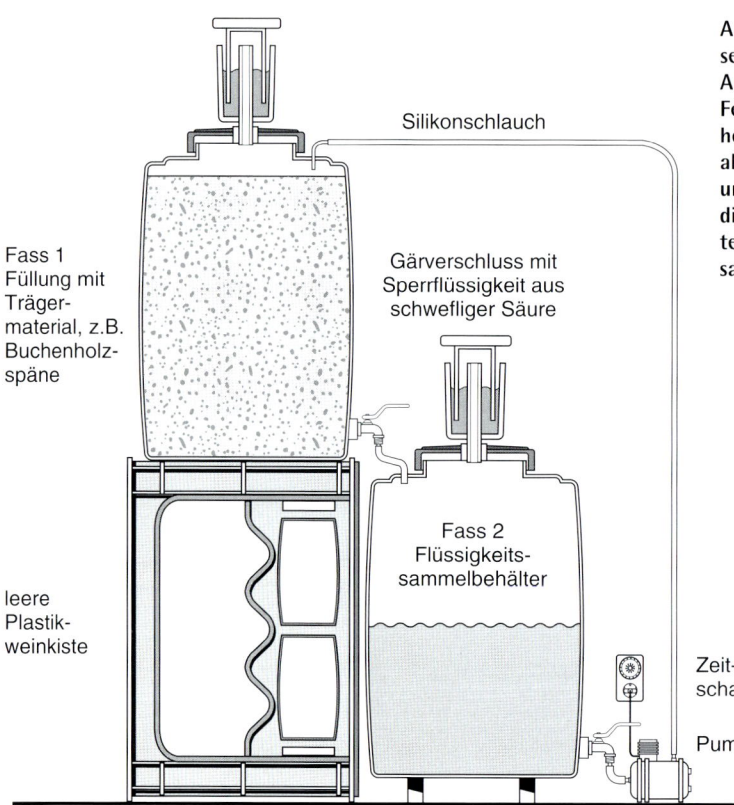

Abb. 3: So kann eine selbst konstruierte Anlage beim einfachen Fesselverfahren aussehen. Die Flüssigkeit wird alle zwei bis drei Stunden umgepumpt, läuft über die mit Bakterien besetzten Späne in Fass 1 und sammelt sich in Fass 2.

Silikonschlauch

Fass 1 Füllung mit Trägermaterial, z.B. Buchenholzspäne

leere Plastikweinkiste

Gärverschluss mit Sperrflüssigkeit aus schwefliger Säure

Fass 2 Flüssigkeitssammelbehälter

Zeitschaltuhr

Pumpe

stellt und am Auslauf mit einem weiteren Kunststoff-Getränkefass ohne Befüllung verbunden. An der Verbindungsstelle wird ein Quetschhahn eingebaut. Der Auslauf des unteren Fasses ist mit dem Eingang einer Kreiselpumpe gekoppelt.

Achtung! Alle mit dem Essig in Kontakt kommenden Teile der Pumpe müssen aus Kunststoff oder Edelstahl gefertigt sein.

Eine Verbindung zwischen dem Ausgang der Kreiselpumpe und einem anzubringenden Einlauf am Kopf des Fasses mit den Buchenholzspänen schließt den Kreislauf. Achtmal täglich, gesteuert über eine Zeitschaltuhr, wird der Inhalt des unteren Behälters über die Buchenholzfüllung gesprüht. Auf dem Buchenholz setzen sich die Bakterien ab und vollziehen die Fermentation. Bedingt durch die offene, durch die Gärverschlüsse aber vor dem Eindringen von Essigfliegen geschützte Verfahrensweise gelangt ständig und vor allem während des Umpumpens frischer Sauerstoff ins System. An einem warmen Ort betrieben, ist so eine Menge von 25 Litern innerhalb von vier Wochen herstellbar. Der Restalkoholgehalt rückt – bedingt durch die Effektivität und die große Oberfläche des Verfahrens – in einen Bereich unter 0,2 %vol. Auch bei diesem Verfahren ist die Anwendung von Nährsalz empfehlenswert. Um spätere Verschmutzungen des Essigs zu vermeiden, müssen die Späne kurz mit Wasser gereinigt werden.
Tipp: Falls verfügbar, können auch Maisspindeln erfolgreich eingesetzt werden. Dieses

Blick in und auf die aktive Anlage beim einfachen Fesselverfahren. Durch das Umpumpen werden Flüssigkeit und Fermenter (oberes Gefäß) mit Luft angereichert, gleichzeitig bekommen die auf den Spänen sitzenden Bakterien neue Nahrung in Form von Alkohol zugeführt.

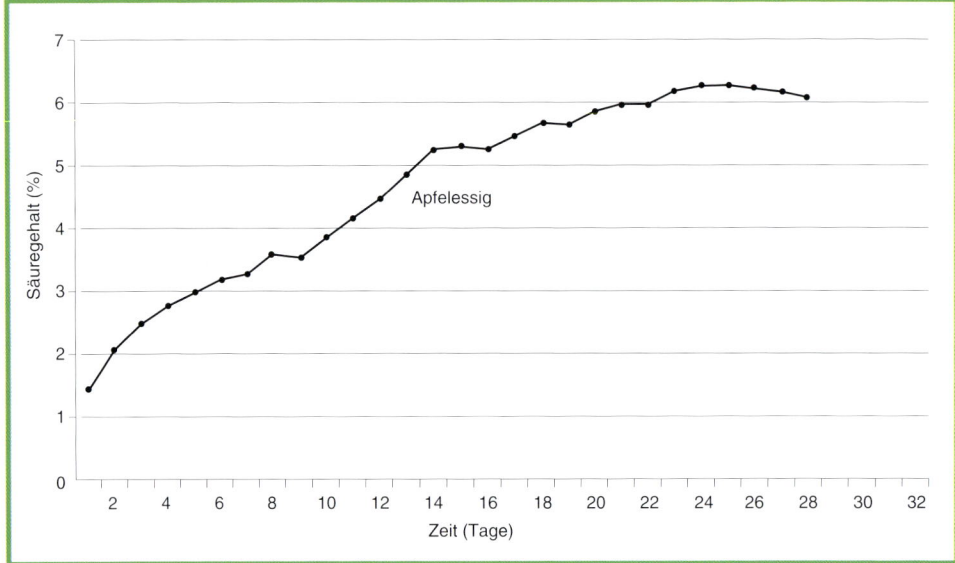

Abb. 4: Der Verlauf einer Apfelessigfermentation im heimischen Fesselverfahren (28 °C). Der aktive Fermenter hatte ein Volumen von 30 Liter, eine Füllmenge von 25 Liter und wurde mit 2 Liter Vorkultur beimpft.

Trägermaterial ist vor der Befüllung jedoch gründlich zu reinigen.

Wichtig ist eine regelmäßige Kontrolle des Trägermaterials, um sicherzustellen, dass weder Schimmel noch andere Kleinstlebewe-

Zum Restalkoholgehalt von Essig:

„Für den Restalkoholgehalt von Essigen gibt es keinen Grenzwert. In Österreich darf der Restalkohol bei Weinessig max. 0,5 % und bei anderen Essigen max. 1 %vol betragen. Diese Regelung soll auch in den europäischen CEN-Standard für Essig übernommen werden.

Auf dem Etikett muss nur bei Getränken eine Angabe des Alkoholgehaltes erfolgen, wenn der Alkoholgehalt mehr als 1,2 %vol beträgt. Wir sehen Essig nicht als Getränk an."

Auszug aus einer Mitteilung des Verbandes der deutschen Essigindustrie e. V. vom 28. April 1999.

Die Erstbefüllung:

Eine besondere Ausprägung erfährt der Essig bei einer Erstbefüllung des Fermenters durch die Auslaugung und Aufnahme von Gerbstoffen aus den Buchenholzspänen. Dieser Erstessig hat, wenn die Späne nicht vorgewässert werden, einen leicht holzigen, etwas herberen Geschmack, der sich für die Bereitung kräftiger Speisen und Salate eignet und vor allem bei Apfelessig positive Auswirkungen hat.

Zur Herstellung feinaromatischer Beerenessige müssen die Späne gewässert werden, um einer Überlagerung des ansonsten feinen Duftes und milden Geschmacks vorzubeugen.

sen den Fermenter als Aufenthaltsort ausgewählt haben.

Empfehlenswert für die häusliche Essigbereitung ist eine Kombination aus Wein- und Branntweinessigbereitung. So können vor allem alkoholarme Frucht- und Beerenweine, zum Beispiel Quittenweine, durch Zugabe entsprechender Fruchtweindestillate auf höhere Alkoholgehalte gebracht werden, ohne hierdurch das Aroma wesentlich zu verändern. Durch Nährsalzgabe ist auch dann eine anschließende reibungslose Vergärung gesichert.

Die Herstellung von Branntweinessig
Die Herstellung von Essig aus destilliertem Alkohol (Branntwein) ist unter gewissen Umständen auch mit dem Oberflächen- und Fesselverfahren möglich. Besonders geeignet dafür sind aromatische Obstbrände, wobei aufgrund der geringeren Aromaintensität der Destillate im Vergleich zu Weinen nur selten ein Ergebnis erzielt werden kann, das mit Essig aus dem entsprechenden Wein vergleichbar wäre. Zur Essigherstellung müssen die Destillate mit Wasser auf ungefähr 8 bis 10 %vol Alkohol verdünnt werden. Von besonderer Bedeutung ist die Ernährung der Essigsäurebakterien, die eine sichere und kontinuierliche Vergärung gewährleistet. Spezielle Nährstoffkompositionen zur Herstellung von Essigen aus nährstofflosen Alkohollösungen im Spanbildner- und Submersverfahren sind unter den Handelsnamen Acetopep S, Acetotym DS und Acetozym D/GZ (Frings, Bonn) erhältlich. Durch Spurenelemente, Wuchsstoffe und Vitamine können die Bakterien zu höchstmöglicher Fermentationsleistung gebracht werden. Zur Herstellung von Weinessigen aller Art sind bereits abgepackte Kleinstmengen an Nährsalzen zur heimischen Essigbereitung im Handel.

Kleine automatische Anlagen

Durch die Konstruktion kleiner einfacher Anlagen mit automatischer Temperatursteuerung und ständiger Belüftung ist es möglich, bereits ab einer Chargengröße von 20 beziehungsweise 50 Liter Essig schnell und von hohem qualitativem Anspruch aus den unterschiedlichsten alkoholhaltigen Rohstoffen herzustellen. Die Essiganlagen sind ab etwa 3500 DM im Fachhandel erhältlich (siehe Seite 115). Nach einem den kleinen Frings-Acetatoren ähnlichen Prinzip ist ein Submersgärverfahren im Edelstahlfermenter auf die Belange kleinerer Produzenten und Selbstvermarkter angepasst worden. Die Jahresproduktion beträgt etwa 2000 Liter oder mehr.

Kennzeichnend für submerse Gärverfahren ist das völlige Fehlen der sonst so charakteristischen Essigmutter. Die Essigsäurebakterien werden dagegen während des gesamten Fermentationsprozesses in der Schwebe gehalten und durch eine ständig kontrollierte und gesteuerte Belüftung mit dem Sauerstoff versorgt. Etwas anschaulicher ausgedrückt sitzen die Essigbakterien auf den winzig kleinen Luftbläschen, die ihnen neben dem Alkohol

Sie benötigen:
- Obst- oder Traubenwein mit weniger als 8 %vol Alkohol
- Essigsäurebakterienkultur
- Essigsäurebakteriennährsalz (30 g/hl)
- Essiganlage (20 l, 50 l oder mehr)
- Kühlwasseranschluss
- Analysengeräte zur Bestimmung der Essigsäure und des Restalkoholgehaltes (Bei diesem Verfahren obligatorisch!)
- eventuell Kühlschlange und kleine Hauswasserversorgung zur Wassereinsparung

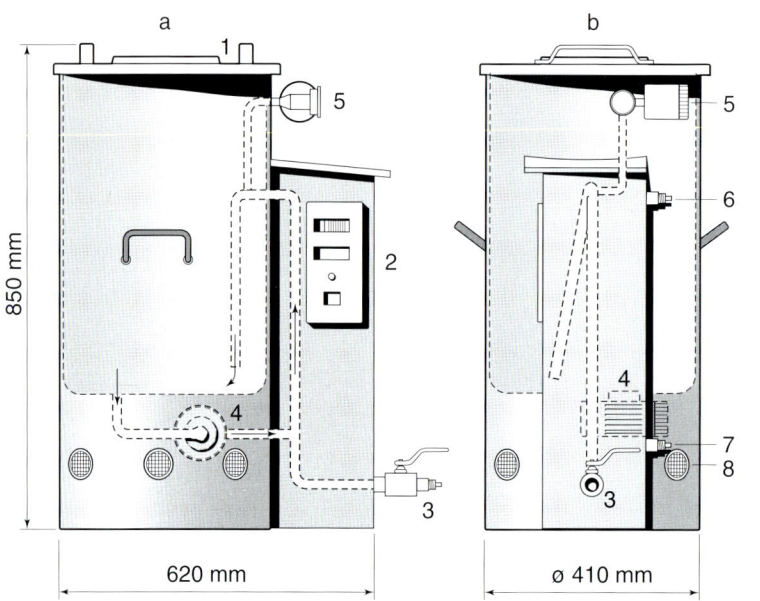

a
b
850 mm
620 mm
ø 410 mm
1
2
3
4
5
6
7
8
1 - Deckel mit Griff
2 - Elektro-Steuerung
3 - Auslaufhahn
4 - Pumpe
5 - Venturidüse, Zuluft
6 - Ablauf Kühlwasser
7 - Zulauf Kühlwasser
8 - Lüftungsgitter

Säuregehalt (%)
Zeit (Wochen)
Sherry
Bockbier
0
1
2
3
4
5
6
7
8
9
10
11

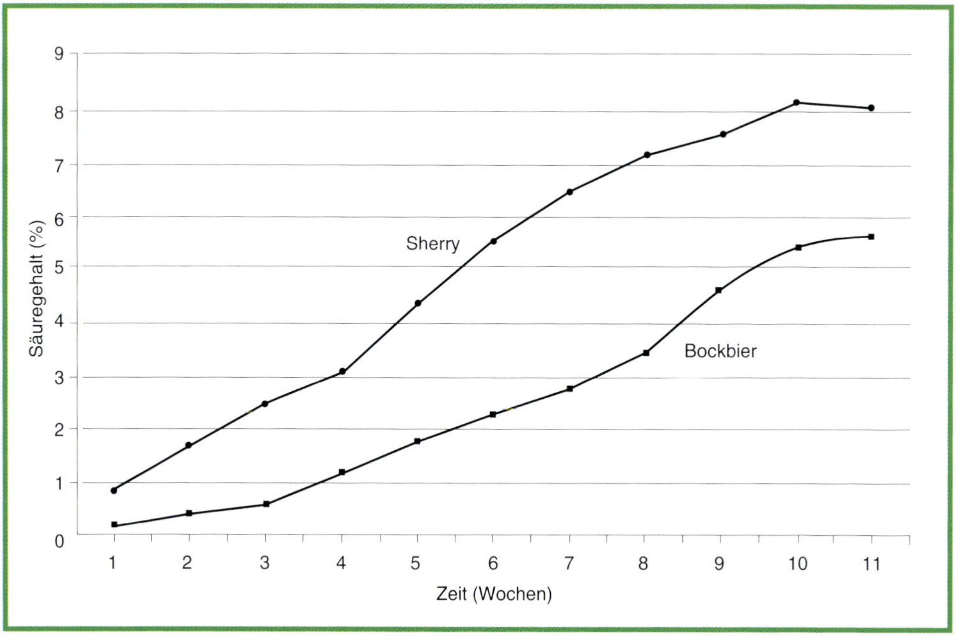

als Lebensgrundlage dienen. Je feiner diese Luftbläschen verteilt sind, umso effektiver verläuft die Fermentation. Steuerbar ist die Luftzufuhr durch eine spezielle Düse (Venturi-Düse) am Fermentationsbehälter. Da in der Anfangsphase nach Zugabe der Essigsäurebakterien-Kulturen eine ständige Erwärmung auf 25 bis 28 °C eingehalten werden muss, ist bei den 50-Liter-Behältern für kurze Zeit eine Beheizung des Fermenters notwen-

Oben links und rechts: Eine 20-l-Essiganlage, submers arbeitend, temperaturgesteuert. Der intensive Lufteintrag durch die Venturidüse beschleunigt die Bildung von Essigsäure. Unten: Frei werdende Wärme wird mittels wassergekühlter Edelstahlspirale abgeführt.

Seite 50:
Abb. 5: Automatische Essiganlage (50 l). a Vorderansicht, b Seitenansicht. Labor Buchrucker.

Abb. 6: Der Verlauf einer Sherry- und Bockbieressigherstellung im Submersgärverfahren. Die Füllmenge bei der Erstbefüllung betrug 30 Liter, zugegeben wurden 5 Liter Essigsäurebakterienkultur.

Die Anlage wird mit Bakterienkultur beimpft.

dig. Bei kleineren Geräten (20 Liter) kann die Beheizung entfallen, da durch die Wärmeabgabe der Kreiselpumpe am Behälterboden genügend Temperatur erzeugt wird, um die Gärung in Gang zu bringen. Sobald die Reaktion der Essigbildung beginnt, wird Wärme frei. Um eine Selbstzerstörung der Essigsäurebakterien zu vermeiden, muss die eingebaute Kühlung aktiviert werden. Diese kann beispielsweise bei den kleinen Geräten mittels eingebauter Edelstahlrohrspirale mit Wasser erfolgen. Durch die Wahl geeigneter, kühler Räumlichkeiten oder der kälteren Jahreszeiten zur Durchführung der Essigsäuregärung kann der Kühlwasserverbrauch auf ein Minimum von wenigen Litern pro Tag reduziert werden. Hierzu ist es ebenfalls notwendig, die Abwärme der Pumpe abzuleiten, was durch

eine Aufstellung der Anlage auf kleinen Füßchen aus Gummi oder Edelstahl möglich ist. Der von unten durchströmende Luftzug senkt den Kühlwasserverbrauch ebenfalls deutlich. Wer mit einem Minimum an Kühlwasser auskommen will, kauft für wenig Geld im Baumarkt eine kleine Hauswasserversorgungsanlage mit Druckwächter und schließt sie über einen Wasserbehälter und mit einigen Metern an einem kühlen Platz verlegten Kupferrohr im Kreislauf an die Temperatursteuerung der Anlage an. Sobald die Temperatursteuerung zu kühlen beginnt und so das Ventil öffnet, tritt durch den Druckabfall die Pumpe in Aktion und drückt Kühlwasser aus dem Vorratsbehälter durch die Anlage. Das abfließende Wasser durchläuft die zum Beispiel an der Kellerwand verlegten kupfernen Kühlschlangen und fließt zurück in den Wassertank – der Kreislauf ist geschlossen. Weiterhin ist es möglich, die elektrischen Teile der Anlage zumindest teilweise mit Solarenergie zu betreiben.

Aktuellste Versuche mit 20- und 50-l-Anlagen haben gezeigt, dass durch die intensive Luftzufuhr der Venturidüse und durch Verdunstung bei Ausgangsalkoholgehalten von 8 %vol bis zu 2 %vol Verlust auftreten können. Um einen aus Alkoholmangel bedingten Abbau der bereits gebildeten Essigsäure zu vermeiden, ist die tägliche Kontrolle des Säure- und Restalkoholgehalts dringlichst angeraten. Alkoholverluste können leicht durch Zugabe von Grundwein wieder ausgeglichen werden.

Vor dem Betrieb einer Anlage ist es ratsam, sich etwas ausführlich mit der Mikrobiologie und Technologie der Essigherstellung auseinander zu setzen. Ratsam ist es ebenfalls, die Essigbakterien auf zwei oder drei „Portionen" und über mehrere Tage hinweg verteilt zuzugeben. Sind am dritten Tag der Fermentation noch keine messbaren Essigsäuremengen bestimmbar, sind unbedingt Bakterien nachzufüllen.

Am 14.09. war der Restalkohol fast aufgebraucht, der für Weinessig notwendige Säuregehalt jedoch noch nicht erreicht. Um das Absterben der Bakterien beziehungsweise eine Überoxidation (Abbau der Essigsäure durch überoxidierende Essigsäurebakterien) zu vermeiden, wurde neue „Nahrung" in Form von Grundwein eingebracht. So war zwei Tage später der notwendige Säuregehalt erreicht. Bei einer an das Medium angepassten Bakterienkultur und einer ständigen Kontrolle des Nahrungsangebots können so innerhalb von vier Tagen 34 g/l Essigsäure gebildet werden.

Tab. 8: Aus einem praktischen Beispiel: Herstellung von Weinessig mit der 50-l-Anlage

Datum	Säuregehalt g/l	Alkoholgehalt (%vol)
12.09.	28	3,0 %
14.09.	52	0,6 %
Zugabe von 3 Liter Wein mit 12 %vol Alkoholgehalt		
16.09.	62	–

53

Ist die Essigsäurebildung erst einmal in Gang gekommen, kann je nach Rohstoff bereits innerhalb von vier bis fünf Tagen ein gutes Ergebnis erzielt werden (siehe Tab. 8).

Bei Erstbefüllung oder besonderen Produkten ist jedoch durchaus auch ein Produktionszeitraum von mehreren Wochen üblich.

Die Weiterverarbeitung

Der so genannte Rohessig, der nach den unterschiedlichsten Verfahren hergestellt worden sein kann, wird anschließend in mehreren Schritten weiter verarbeitet.

Vor- und Grobfiltrieren

Vor der Endeinlagerung in entsprechende Behältnisse aus Glas, Edelstahl, Kunststoff oder Keramik müssen eventuell vorhandene Teile der Essigmutter sowie noch in der Flüssigkeit schwebende Schleimanteile durch eine Grobfiltration über Kaffee-, Falten- oder Schichtenfilter entfernt werden. Anschließend erfolgt die Lagerung. Verkostet man den eingelagerten Essig nach zwei bis drei Monaten, ist eine deutliche Verbesserung des Aromas mit einer feinen Ausprägung des Säurecharakters, die so genannte Reifung, wahrnehmbar. An diesem Punkt erfolgt die jeweils individuelle Entscheidung des Produzenten zur Weiterverarbeitung oder zur direkten Abfüllung.

Lagern

Über die Weiterverarbeitung der Essige gibt es sehr verschiedene Ansichten – vor allem die kleineren Hersteller von Essigspezialitäten verzichten aus Gründen der Aromaerhaltung und Harmonisierung sogar vollständig auf weiterverarbeitende Maßnahmen und nutzen nur den Effekt der **Lagerung** und **Selbstklärung** zur Vollendung und Abrundung ihrer Frucht-, Wein- und Balsamessigspezialitäten. Die so gereiften Produkte finden als naturtrübe Raritäten immer mehr Freunde unter den Essiggourmets. Der Rohessig wird randvoll in geeignete Behältnisse abgefüllt. Die Lagerung sollte über mehrere Wochen dunkel und kühl erfolgen – am besten im Keller. Während dieser Lagerung sterben die Essigsäurebakterien weitgehend ab, der Essig erfährt eine Selbstklärung.

Feinfiltrieren

Die jetzt folgende, eventuell auch mehrfache Filtration über Klär-, Fein- und Entkeimungsschichten greift bereits wahrnehmbar ins

Essiglagerung in Holzfässern.

56

Grundaroma des Rohessigs ein, ergibt aber ein sauberes, klares Produkt ohne Trubstoffe, Verunreinigungen und Mikroorganismen. Die Filtration des Essigs erfolgt am einfachsten über Schichtenfilter. Die in allen Klärschärfen käuflichen Schichtenfilter gestatten eine optimale Behandlung des Essigs, von der groben Klärung, der Entfernung sichtbarer Trubteilchen, bis hin zur Entkeimungsfiltration, bei der die Mikroorganismen bis zur Sterilität vollständig entfernt werden. Vorteilhaft ist eine Volledelstahl-Ausführung mit Kreiselpumpe und Filtergehäuse. Die Wahl der Filterschicht hängt vom Verunreinigungsgrad des Essigs ab, aber auch davon, wie klar der Essig nach der Filtration sein soll. Bei naturtrüben Produkten reicht die grobe Klärung oder Grobfiltration bereits aus.

Die Herstellung von Filterschichten erfolgt durch eine Suspendierung der Rohstoffe Zellstoff und Kieselgur in Wasser, deren Reinigung, mechanischer Bearbeitung, homogener Vermischung und nachfolgender Trocknung. Das so entstandene getrocknete Vlies kann in beliebige Formen und Größen gebracht werden.

Die Anschwemmfiltration ist für kleine Essigmengen weniger geeignet. Das Verfahren ist eine Vermischung des Filtermittels Kieselgur mit der zu filtrierenden Flüssigkeit, hier also dem Essig. Über eine siebartige Oberfläche geleitet, bildet sich eine Filterschicht aus Kieselgur und schon abgeschiedenen Trubstoffen aus.

Gewähr für optimale Essigqualität: Schichtenfilter aus Edelstahl bieten vielfältige Variationsmöglichkeiten bei der Klärschärfe. Sie sind außerdem leicht zu reinigen und zu desinfizieren. Oben: Während der Filtration. Unten: Die Filterschicht mit Trub wird entfernt.

Kieselgur besteht aus den Schalenresten von Kieselalgen, abgelagert vor Millionen Jahren auf dem Meeresgrund und effizient aufgrund seiner Porengröße sowie seiner absoluten Geruchs- und Geschmacksneutralität.

Klären und Schönen

Schönung bedeutet, den Vorgang der Klärung durch Zugabe bestimmter Stoffe mit unterschiedlichsten Eigenschaften zu verbessern und zu fördern. Bei nicht vollständiger Selbstklärung kann nach der Lagerung und vor der Feinfiltration eine Schönung geschaltet werden, die bei richtiger Anwendung zur Stabilisierung und endgültigen Säuberung (Klärung) des Essigs führt. Ziel dieser Schönung ist eine Optimierung der späteren Filtration sowie der Farbe und des Geschmacks. Um zu starke Aufhellungen bei der Schönung zu vermeiden, ist eine sorgfältige Dosierung der Schönungsmittel und die genaue Kenntnis der Wirkungsweisen unbedingt erforderlich. Alle Schönungsmittel sind im Kellereibedarf erhältlich.

Schönungsmittel

Gerbstoffreiche Essige aus Mostbirnen, Speierling und anderen Früchten mit hohen Antei-

Bild oben und Mitte: Bei der Schönung werden Trubstoffe mit Hilfe von genau zudosierten Schönungsmitteln zum Ausflocken gebracht. Sie können anschließend mittels einfacher Filtration entfernt werden – Braunfärbung vor allem bei Apfelessig verschwindet.
Bild unten: Ein Fläschchen Rohessig direkt nach der Fermentation (rechts). Nach Zugabe des Schönungsmittels flocken die Trubstoffe aus (Mitte). Der Schönungstrub wird abfiltriert (links und Bild oben)

len phenolischer Verbindungen wie Hydroxy-zimtsäuren, Catechinen und Flavonolen können durch eine **Gelatineschönung** (Zugabe einer wässrigen Gelatinelösung) geschmacklich abgemildert werden. Gleichzeitig erfolgt auch eine gewisse Aufhellung und Harmonisierung. Die Wechselwirkungen zwischen Gelatine und Gerbstoffen führen zur Komplexbildung beider Substanzen. Dadurch werden die Gerbstoffe aus der Flüssigkeit entfernt und bilden mit der Gelatine einen Bodensatz. Man schönt normalerweise mit einer 5 %igen Gelatinelösung, wobei immer verschiedene Vorversuche anzuraten sind. Diese sind recht einfach durchzuführen:

Man befüllt fünf 100-ml-Standzylinder mit dem zu untersuchenden Essig und gibt ansteigende Mengen 1 %iger Gelatinelösung, zum Beispiel von 1 bis 5 ml, hinzu. Hierbei entspricht 1 ml dieser Gelatinelösung einer späteren Dosage von 10 g/hl. Nach gründlicher Durchmischung und 20-minütiger Wartezeit filtriert man eine kleine Menge ab und gibt zum Filtrat noch einige Tropfen Gelatinelösung zu. Kommt es erneut zu einer Trübung, wurde zu wenig Schönungsmittel hinzugefügt. Eine Überschönung kann durch Zugabe von einigen Tropfen einer Tanninlösung überprüft werden. Ist überschüssige Gelatine in der Flüssigkeit, fällt diese bei Zugabe des Tannins aus und es bildet sich ein weißer Schleier, der abfiltriert wird. In der praktischen Anwendung hat sich eine Dosage von mindestens 5 g/hl, höchstens aber 25 g Gelatine/hl bewährt. Will man sich die Vorversuche ersparen, gibt man einfach 10 g Gelatine/hl zu – es müssen nicht unbedingt alle Gerbstoffe entfernt werden.

Auch mit einer kombinierten **Kieselsol-Gelatine-Schönung** können Essige mit Erfolg behandelt werden. 50 ml 15 %ige Kieselsol-Lösung und 5 g Gelatine in 5 %iger Lösung werden in dieser Reihenfolge in den Essig eingebracht; durch diese Behandlung erreicht

man eine ansprechende Klärung des Rohessigs.

Bentonitschönung: Durch die Essigsäuregärung sind – bedingt durch das Auftreten der Kleinstlebewesen und deren Stoffwechsel – erneut die für lebende Organismen charakteristischen Eiweißbestandteile oder Proteine entstanden, die ausflocken und den Essig trüben. Bereits bei der Grundweinbereitung kann man mit dem Schönungsmittel Bentonit solche Eiweißtrübungen entfernen. Bei einer weiteren Bentonitschönung wird unter Verwendung eines Na-Ca-Bentonits oder eines reinen Na-Bentonits in einer im Vergleich zur Verwendung im Grundwein wesentlich höheren Dosierung von etwa 250 g/hl eine ausreichende Stabilisierung erhalten. Nach der Bentonitschönung und dem Absetzen des Trubs kann der so geklärte Essig abgezogen werden.

Ein sehr empfindliches Schönungsmittel stellt die **Hausenblase**, die Schwimmblase des Hausenfisches dar. Sie ermöglicht eine Entfernung von Gerbstoffen fast ohne Farbveränderung. Auf Grund der schwierigen Handhabung beim Lösen der Hausenblase ist sie jedoch nur wirklichen Spezialisten zu empfehlen.

Pasteurisieren

Bei der Erhitzung des Essigs kommt es zur Hitzedenaturierung der im Essig befindlichen Eiweiße, sofern diese nicht schon im vorangegangenen Arbeitsschritt abfiltriert wurden. Sollten noch Essigsäurebakterien existieren, werden sie nun vollständig abgetötet. Jegliche Art der Hitzebehandlung führt zu einer geschmacklichen Veränderung des Ausgangsprodukts. Je länger die Wärmeeinwirkung bestehen bleibt, umso deutlicher machen sich die Auswirkungen bemerkbar und es kann sich eine Art Kochgeschmack durch Bildung spezieller chemischer Verbindungen entwickeln. Aus diesem Grund sollte nur kurz auf maximal 60 °C ohne Haltezeit erhitzt werden und anschließend sofort mittels Wasserbad, Wärmetauscher oder im Winter einfach mit Hilfe der kalten Umgebungsluft zurückgekühlt werden.

Abfüllen

Die Flaschenabfüllung der fertigen Essige gestaltet sich am einfachsten über Glas- oder Edelstahlbehälter mit dosierbarem Auslaufhahn. Auch im Kellereigewerbe übliche Edelstahl-Falldruck-Füller sind für größere Mengen ebenso von Bedeutung wie größere Anlagen zur kaltsterilen, keimfreien Flaschenbefüllung. Diese kaltsterile Abfüllung schützt den Essig vor erneuter Schleimhautbildung und eventuell einsetzendem Abbau der Essigsäure durch Überoxidation. Weiterhin werden Hefen und Schimmelpilze entfernt. Das Verfahren ist allerdings mit großen Kosten verbunden, sodass für den Hersteller kleinerer Essigmengen vor allem das Vermeiden von großem Lufteintrag beim Abfüllen vorrangige Bedeutung hat. In jedem Fall muss darauf geachtet werden, dass der abzufüllende Essig möglichst frei von Luft beziehungsweise Sauerstoff bleibt. Eine geringe Schwefelung ist im Rahmen der gesetzlichen Grenzwerte zur Vermeidung der Schleimbildung nach der Abfüllung möglich und empfehlenswert.

Reinigen

Nach der Filtration ist eine sorgfältige Reinigung der Apparaturen vorzunehmen. Hierzu entnimmt man die verbrauchten Filterschichten, spült zuerst mit Wasser, danach mit chlorhaltigem Universal-Systemreiniger im Kreislauf, um Verunreinigungen und Mikroorganismen zu entfernen. Danach wird das Reinigungsmittel durch Spülen mit klarem Wasser wieder entfernt.

Die Reinigung von Filtern, Füllern und anderen Gerätschaften ist peinlichst genau durchzuführen. Empfehlenswert ist das Umpumpverfahren, bei dem entsprechend verdünnte Reinigungskonzentrate mit Desinfektionskomponente gegen Verschmutzungen sowie zur nachhaltigen Bekämpfung von Essigsäurebakterien, Hefen und Schimmelpilzen eine vom Hersteller vorgeschriebene Zeit im Kreislauf geführt werden.

Essig färben

Die Tradition der Farbgebung ist sicher darauf zurückzuführen, dass die Essigbereitung ursprünglich in Holzfässern erfolgte, was zu einer bräunlichen Tönung führte. Heute werden industriell hergestellte Essige – sofern nicht aus selbst färbenden Rohstoffen wie Rotwein hergestellt – meist mit gesetzlich zugelassener Zuckercouleur gebräunt. Bei günstigem Aceto Balsamico di Modena kann man die Inhaltsstoffe auf der Flasche nachlesen: Weinessig, Weinmost, Farbstoff E 150 (Zuckercouleur), Antioxidationsmittel E 224 (schweflige Säure und deren Salze).

Zuckercouleur

Zuckercouleur ist ein natürlicher Farbstoff, hergestellt aus gebranntem Zucker. Er besitzt sehr gutes Färbevermögen und wird vor allem bei der Herstellung preisgünstiger „Balsamico"-Varianten reichlich eingesetzt.

Die Herstellung dieses Farbstoffes im Haushalt lohnt sich nicht. Der Zeitaufwand und die nachfolgenden Reinigungsarbeiten sind zu aufwendig. Am besten besorgt man sich eine 1-Liter-Poly-Flasche im Kellereifachhandel. Dort wird es überall angeboten, da auch Liköre fast immer mit diesem natürlichen Farbstoff versetzt werden.

Weitere Farbstoffe

Für kommerzielle Essige sind, neben der Anfärbung mit Zuckercouleur, nur gesetzlich zugelassene Lebensmittelfarbstoffe möglich. Auch einige chemische Elemente wie Gold, Silber und Aluminium gelten als Lebensmittelfarbstoffe. Sie besitzen kaum chemische Reaktionsfähigkeit, das bedeutet, dass sie nach dem Durchlaufen des menschlichen Verdauungstraks unverändert wieder ausgeschieden werden.

Pflanzliche Farbstoffe werden nach chemischen Richtlinien ihrer Struktur gemäß eingeteilt. Die wichtigsten Gruppen der Pflanzenfarbstoffe sind die Anthocyane, Anthrachinone, Carotinoide, Flavane, Flavone und Flavonoide sowie Chlorophyll.

Anthocyane sind im Pflanzenreich weit verbreitet und liegen in ihrer natürlichen Form in Verbindung mit unterschiedlichen Zuckern vor. Sie treten überwiegend in roten, violetten und (schwarz)blauen Blüten und Beeren auf.

Auch die **Anthrachinone** sind in der Natur häufig vertreten, besonders oft sind sie als Stoffwechselprodukte höherer Pflanzen und Schimmelpilze zu finden. Anthrachinone liefern vorwiegend gelbe, orange, rote, rotbraune und seltener violette Farbstoffe.

Carotinoide sind nicht nur, wie der Name vielleicht vermuten ließe, in Karotten vorhanden, sondern liegen in zahlreichen Pflanzen, auch in so genannten niederen Pflanzen wie Pilzen vor. Sie haben meist eine gelborange bis rotviolette Färbung.

Flavane rufen beispielsweise die herbstliche Verfärbung des Blattwerkes von Laubgewächsen hervor. Sie bewirken Färbungen, die von Beige bis Cremefarben, von Mittel- bis Rotbraun reichen. Die Farbpalette der **Flavone** und **Flavonoide** reicht von Zartgelb und Gelbgrün bis hin zum satten Gelb oder Orange. Auch das **Chlorophyll** (Blattgrün) höherer Pflanzen dient zur Färbung von Lebensmitteln.

Essigfehler

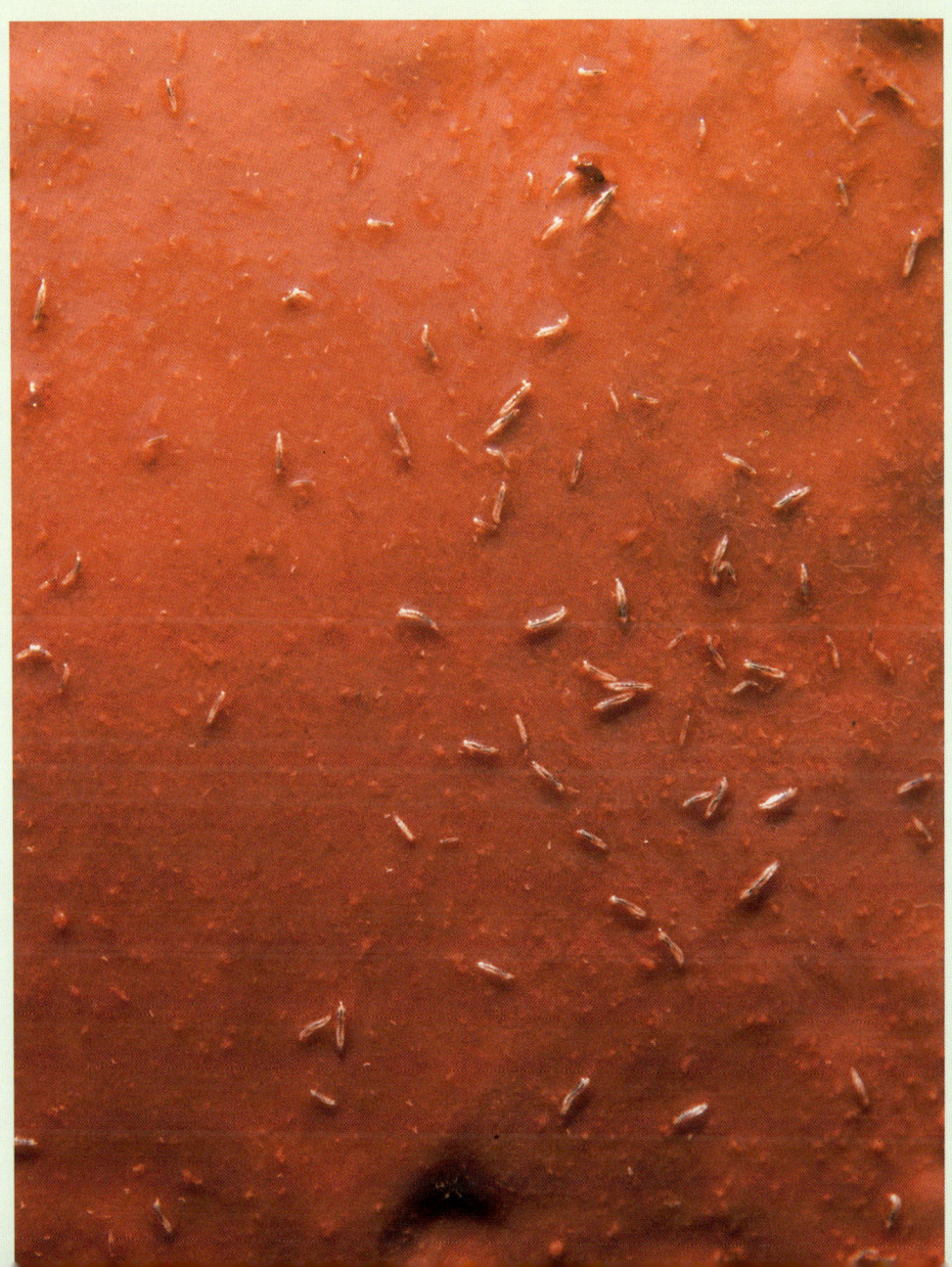

Da die Essigfermentation ein ziemlich langwieriger und komplexer Vorgang ist, können unterschiedliche Störungen auftreten, die von kleinen Verunreinigungen bis zum vollständigen Verderb des Essigs reichen.

Verderb durch Insekten, Nematoden und Mikroorganismen

Essigfliegen

Eine kaum vermeidbare Gefahrenquelle sind Essig- oder Fruchtfliegen, deren Eindringen in das Fermentationsgefäß man unbedingt vermeiden muss. Die Maden auf der Oberfläche der Essigmutter oder der Anblick, wenn sie langsam aus dem Behälter kriechen, verdirbt jede Lust auf die Essigherstellung. Deshalb ist immer peinlichst genau auf den sachgemäßen Verschluss des Gefäßes mit feiner Drahtgaze oder einem anderen luftdurchlässigen, aber insektensicheren Material zu achten. Die zu

Eine Essigmutter mit Madenbefall.

Abb. 7: Die kleine Essigfliege (*Drosophila fenestrarum*), ein lästiger, aber meist unvermeidbarer Besucher bei der Essigherstellung. Aus: Delbrück (1915).

den *Drosophila*-Arten gehörenden Fliegen sind gelbbraun gefärbt mit roten Augen. Die Maden sind weiß und ungefähr 5 mm lang. Sie ernähren sich unter anderem von Bakterien, Hefen und Schimmelpilzen. Das Weibchen legt bis zu 360 Eier, aus denen nach 8 bis 21 Tagen die Maden schlüpfen.

Essigälchen

Eine weitere, unangenehme Infektion des Essigs kann durch so genannte Essigälchen erfolgen. Sie gehören zu den Nematoden

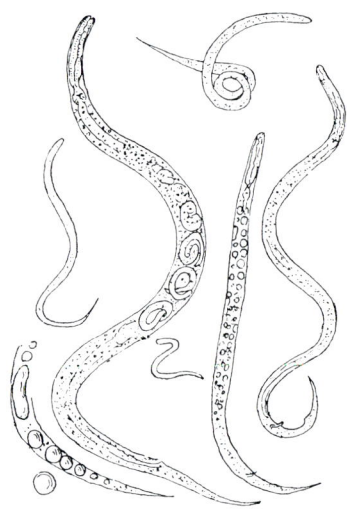

Abb. 8: Essigälchen (*Anguillula aceti*), 50fach vergrößert, in verschiedenen Entwicklungsstadien. Aus: Delbrück (1915).

(Fadenwürmern). Schon Louis Pasteur berichtete 1878 vom Auftreten der Essigaale. Damals waren viele Essighersteller noch fest davon überzeugt, dass sie eine unabdingbare Voraussetzung für das Gelingen der Essigfermentation darstellen. Pasteur beschreibt eine Beeinflussung der Fermentationsleistung der Essigmutter im Orléans-Verfahren beim Auftreten von Essigälchen. Weiterhin sprach er von einer „Flucht der Tierchen an die Wände des Fasses, ganz nahe an das Niveau der Flüssigkeit, wo sie eine feuchte, ganz belebte und wimmelnde Decke bilden". Die durchsichtigen, weißlich-gläsern schimmernden Älchen bilden vor allem in dunkel gefärbten Essigen ein gut sichtbares, lebhaftes Durcheinander von tausenden kleiner Fädchen am Flaschenhals. Obwohl das sehr unappetitlich aussieht, sind bisher noch keinerlei Krankheiten durch den Genuss eines mit Älchen verunreinigten Essigs bekannt. Für Menschen wurden sie deshalb bisher als ungefährlich eingestuft. Bei Sauerstoffmangel und unter Lichteinwirkung sterben die etwa 1,5 mm langen Fadenwürmer schnell ab und können sogar abfiltriert werden. Auch die Pasteurisierung des Essigs führt zur völligen Vernichtung der Schädlinge.

Essigsäurebakterien

Wenn keine Pasteurisierung oder Entkeimungsfiltration vorgenommen wurde oder der Essig danach bei offenem Ballonverkauf wieder Luftkontakt hatte, können Reste von Essigsäurebakterien und Schleimbildnern oft schon kurz nach der Flaschenabfüllung unschöne Schlieren und Häute im Aufbewahrungsgefäß verursachen. Hinzu kommen Trübungen und bei noch vorhandenem Restalkoholgehalt eine erneut einsetzende Essiggärung in Verbindung mit dem Geruch nach Klebstoff. Deshalb muss die Lagerung und Reifung unter Luftausschluss erfolgen. Es folgt

die Selbstklärung und das Absterben der Essigsäurebakterien. Eine Entkeimungsbeziehungsweise Sterilfiltration schützt vor später auftretenden Trübungen.

Hefen und Schimmelpilze

Immer wieder wird das Auftreten verschiedener Hefen oder Schimmelpilze in Verbindung mit den dadurch entstehenden Fehltönen in Geruch und Geschmack geschildert. Kommt es durch bestimmte Essigsäurebakterien zu einer Überoxidation der Essigsäure, wird vor allem bei Alkoholmangel die bereits gebildete Essigsäure zu Kohlensäure und Wasser. Wenn das Behältnis zudem noch unzureichend verschlossen ist und Sauerstoff eindringen kann, ist die Entstehung von hautbildender Kahmhefe oder gar Schimmelpilzen vorprogrammiert. In diesem Fall muss der Gefäßinhalt weggeschüttet, das Gebinde sauber gereinigt und auf Dichtheit geprüft werden. Die Kahmhaut von Hefen sollte auf keinen Fall mit einer Essigmutter verwechselt werden: Im Gegensatz zu dieser ist die Kahmhaut nicht schleimig, sondern ein weißlicher oder bräunlicher, oft trocken erscheinender, nur leicht zusammenhängender oder gefalteter Belag.

Verfärbungen

Verfärbungen verschiedener Art sind häufig auftretende Fehler bei der Herstellung von Essigen. Diese Verfärbungen können enzymatischer Natur sein, das heißt durch fruchteigene Substanzen verursacht, oder sie sind oxidativ, also durch Kontakt mit Sauerstoff entstanden. Weitere Verfärbungen entstehen durch Kontakt mit Eisen oder anderen Metallen. Aus diesem Grund darf der Saft, Wein oder Essig niemals mit bestimmten blanken

Metallen in Berührung kommen. Fruchtsäuren sind in der Lage, metallisches Eisen zu lösen, wodurch eine grauschwarze Verfärbung mit Ausflockungen auftreten kann. Im Wein kann dieser Fehler mittels Blauschönung behoben werden. Für die Behandlung von Essigen ist diese Methode jedoch nicht zulässig. Enzymatisch bedingte Verfärbungen (Enzyme sind Eiweißverbindungen, die durch Wärmeeinwirkung inaktiviert werden) sind meistens durch eine Schönung mit Gelatine und Kieselsol zu entfernen.

Kontrolle der Essig-fermentation

Für industrielle Hersteller von Speiseessig, aber auch für Erzeuger, die solche Produkte in wesentlich geringeren Mengen zubereiten und diese gewerbsmäßig in den Handel bringen, sind die jeweiligen lebensmittelrechtlichen Vorschriften der einzelnen Länder oder der EU verbindlich (siehe Seite 76). Es ist hierbei davon auszugehen, dass die großen Hersteller die betreffenden Gesetze sehr

genau kennen, mit entsprechenden Betriebslaboratorien die vorgeschriebenen Kennwerte überprüfen und auch einhalten. Kleinere Produzenten haben in der Regel derartige Möglichkeiten nicht oder nur in eingeschränktem Umfang. Einige Analysen sind jedoch unvermeidbar. Wichtig vor allem bei der Herstellung von Essigen mit den kleinen Anlagen sind die tägliche Kontrolle der gebildeten Essigsäure sowie des verbleibenden Restalkohols.

• Die gebildete **Essigsäure** wird durch eine Neutralisationsreaktion mit Natronlauge bestimmt. Aus der verbrauchten Menge Natronlauge errechnet sich der Säuregehalt des Essigs.

• Die Bestimmung des **Restalkohols** geschieht durch eine Probedestillation des vorher neutralisierten Essigs. Durch eine aräometrische Bestimmung mit dem Alkoholometer kann der verbleibende Restalkohol ermittelt werden.

Die genauen Analysevorschriften liegen den entsprechenden Geräten und Schnelltests aus der Kellereitechnik bei (Brennerei- oder Kellereitechnikfachhandel). Untersuchungen sind auch in Weinlaboratorien möglich.

Essigspezialitäten

Sherry- und Bieressig

Vorteil der Essigherstellung mit der kleinen Essiganlage ist neben der kurzen Fermentationszeit die damit in Verbindung stehende geringe Aromabeeinflussung der Grundstoffe. So können hoch aromatische Obst- und Fruchtessige sowie farblich einwandfreie und charakteristische Weinessige auch von Einsteigern in die Essigproduktion hergestellt werden. Essig aus Hagebutten-Sherry oder eine Essigspezialität aus Neuzeller Schwarzbier sind damit durchaus möglich. An solch kostspielige Rohstoffe sollte man sich jedoch erst nach gründlicher Einarbeitung wagen, da die Fermentationszeit beziehungsweise die Aktivität der Bakterien stark von der vorangegangenen Schwefelung und dem Alkohol- und Zuckergehalt der eingesetzten Rohstoffe abhängig ist.

Bei der Produktion von Bieressigen tritt zu der von den Hopfeninhaltsstoffen bewirkten Hemmung der bakteriellen Tätigkeit bei submerser Verfahrensweise eine unglaubliche Schaumbildung auf. Eine maximale Befüllung von 50 % des Behältervolumens darf hier auf keinen Fall überschritten werden, da ansonsten mit großen Verlusten durch Überlaufen zu rechnen ist. Dennoch sollte man sich das Vergnügen nicht entgehen lassen, eigenen Bieressig, vielleicht auch aus selbst gebrautem, schwach gehopftem Bier herzustellen.

Besonders schmackhafte Essige entstehen aus dunklen Bieren mit nicht zu geringer Restsüße – eine Spezialität, die an intensiven Balsamico mit leichter Biernote und feiner Säure erinnert und gerne auch als Aperitif getrunken wird.

Probleme treten beim Submersverfahren vor allem in der Anfangsphase durch nicht an das zu verarbeitende Medium angepasste Bakterien auf. Jeder Betreiber einer kleinen Submersanlage sollte seine Bakterien immer wieder während des laufenden Prozesses für den darauffolgenden Herstellungsvorgang abnehmen und auch eine kleine Sammlung unterschiedlicher, bereits teilfermentierter, kühl und dunkel gelagerter Weine oder alkoholischer Substrate zur Seite stellen, um bei einem Produktwechsel wenigstens noch einige lebende Essigsäurebakterien zur Verfügung zu haben, die sich bereits an das neue Medium gewöhnt haben.

Achtung! Die Bakterien sind der größte Schatz des Essigherstellers – sie müssen gehegt und gepflegt und dürfen auf keinen Fall vernachlässigt oder falsch behandelt werden.

Die meisten Bakterien werden schon beim Ansetzen im Fermenter durch zu hohen Alkoholgehalt oder zu starke Schwefelung des Grundweins gestört oder ganz vernichtet. Das Verdünnen des Grundweins mit Wasser und die schrittweise Zugabe der Bakterienkultur helfen das Problem zu lösen.

Balsamessig

Die Herstellung von Balsamessigen hat in den letzten Jahren stark zugenommen. Vor allem in Österreich gibt es eine breite Angebotspalette und die entsprechenden Abnehmer. Apfel, Pfirsich, Pflaume, Holunder und die altbewährten sortenreinen Trauben sind nur einige Ausgangsrohstoffe zur Erzeugung dieser aufwendig herzustellenden, teuren Essige.

Das Herstellungsverfahren basiert auf der traditionellen Balsamico-Herstellung in Modena. Der entsprechende Fruchtsaft wird durch Erhitzen eingedickt – Temperatur und Dauer sind sorgfältig gehütete Geheimnisse der Hersteller. In der Regel liegt die Erhitzung rohstoffabhängig bei 60 bis 85 °C. Nach

der Abkühlung erfolgt die bedingt durch den hohen Zuckergehalt nur schwer einsetzende Vergärung des Saftkonzentrates. Da sie nicht vollständig verlaufen kann, bleibt ein hoher Zuckeranteil unvergoren und trägt zu Volumen, Charakteristik und Harmonie des späteren Balsamessigs bei. Der entstandene Alkohol wird während der Essigfermentation und Reifung in Fässern unterschiedlichster Hölzer stufenweise in so genannten Fassbatterien zu Essigsäure umgewandelt (siehe Seite 106).

Ansatzessige mit Früchten, Blüten und Kräutern

Mit Früchten, Blüten und Kräutern gelangen deren Inhaltsstoffe in den selbst hergestellten oder gekauften Grundessig. Durch den Ansatz von Gartenfrüchten, vor allem Himbeeren, Johannisbeeren oder auch Gemüse, lassen sich allerlei Farb- und Geschmacksvarianten sowie fruchtige Komponenten im Essig erzeugen.

Getrocknete Kräuter müssen insektensicher aufbewahrt werden – fest verschließbare Glasbehältnisse schützen und erhalten das Aroma.

Zum hochwertigen Essig gehört eine ebensolche Präsentation: In einer schönen Flasche und mit Kräutern, Früchten oder Blüten verfeinert.

Bei Kräuteransätzen stellt sich die Frage, ob frische oder getrocknete Kräuter verwendet werden sollen. Außerdem muss die Art des Ansatzessigs sorgfältig dem zu extrahierenden Kraut angepasst werden. Meist nimmt man Rot- oder Weissweinessige, seltener auch Apfel- oder Obstessige. Grundvorausetzungen sind eine völlig abgeschlossene Essigfermentation, eine Lagerung von mindestens drei Monaten und die möglichst weitgehende Aufarbeitung und Stabilisierung. So ist ein unaufdringlicher reiner Geruch und Geschmack des Grundessigs garantiert. Fehlerhafte Essige sind ungeeignet.

Lagern von Ansatzessigen

Um Farbveränderungen zu vermeiden, werden mit Frischkräutern angesetzte Essige dunkel und kühl aufbewahrt. Immer wieder diskutiert wird der Zerkleinerungsgrad der Kräuter und die Dauer des Ansatzes. Es erfordert also eine gewisse Geduld und viel Ausprobieren, um ein geeignetes Essigaroma zu erhalten. Eigene Erfahrungen und Verkostungen zeigen, dass durch einen wenige Tage dauernden Ansatz unzerkleinerter Frischkräuter ein erlesener und mit feinem Aroma versehener Essig entstehen kann. Der Ansatz erfolgt üblicherweise im Weithalsballon mit einem Anteil von maximal 5 % Frischkräutern berechnet auf die Gesamtmenge. Wenn solche Ansätze jedoch länger als zehn Tage extrahieren, gelangen grüne, unangenehm „krautige" Bestandteile der Pflanzen in den Ansatz und nehmen dem Endprodukt die Finesse.

Filtrieren und Verschönern

Der Kräuteransatz muss nach Entfernen der ausgelaugten Frischkräuter nochmals über Faltenfilter filtriert werden. Die Verschönerung durch Zugabe von Kräutern direkt in die

Der eigene Kräutergarten kann viel zur optischen und auch geschmacklichen Verschönerung der Essige beitragen – doch beachten Sie immer das Motto „Weniger ist mehr".

Flasche sollte sparsam erfolgen. Da Aromastoffe und Farbkomponenten schon während des ersten Ansatzes abgegeben wurden, reicht zum Beispiel bei der Verwendung von Estragon ein kleiner Zweig pro Flasche vollkommen aus. Eine mit Kräutern vollgestopfte Essigflasche ist kein appetitlicher Anblick.

Zur Bereitung von Heilessigen wird in der Literatur manchmal dazu geraten, die Kräuter bereits während der Vergärung des Alkohols zuzugeben. Dies führt jedoch oft zu Fehlgärungen und wird daher nicht empfohlen.

Seite 68 (oben): Frischer Estragon verleiht Apfel- und Weinessigen ein feinwürziges Aroma. Seite 68 (unten): Kräuteransätze – nur kurze Zeit in fest verschließbaren Behältern extrahieren.

Welche Zutaten eignen sich?

Angenehm kann eine Kombination von frischen (75 %) und getrockneten (25 %) Kräutern sein. Vermeiden Sie Arten-Gemische – nur wenige Kräuter harmonieren so gut miteinander wie zum Beispiel Basilikum, Thymian und Rosmarin in Kombination mit Knoblauch bei der Herstellung eines Essigs nach der Art „provençale".

Ausprobieren sollte man auch den Ansatz von getrockneten Früchten – wenn möglich aus dem eigenen Garten und selbst gedörrt. Auf der Basis von Weinessig erhält der Ansatz ein feines, weiches Aroma.

Wer sich gerne in der Natur aufhält, findet dort zahlreiche Anregungen. Einen besonders gut schmeckenden Ansatz erhält man mit Bärlauch oder Waldmeister in Weißwein- oder Apfelessig. Da Bärlauch in der Volksheilkunde eine bedeutende Rolle spielt, vereinigen sich in diesem Essig Küchenkunst und Heilmittel

zu einem wohlriechenden, fein an Knoblauch erinnernden Würzmittel mit vielseitigen Verwendungsmöglichkeiten. Die Bärlauchblätter müssen im Frühjahr vor der Blüte gepflückt, gesäubert und angesetzt werden.

Auch Tannennadeln beziehungsweise junge Tannen- oder Kiefernspitzen, im Frühjahr geerntet, werden aufgrund ihrer wertvollen Bestandteile an ätherischen Ölen und Harzen geschätzt und geben dem Ansatz ein unverwechselbares erfrischendes Aroma. Eine moderate Dosierung ist empfehlenswert, damit der Essig nicht an Badezusatz erinnert.

Früchte und Blüten wie Waldhimbeeren, Heidelbeeren, Holunderblüten, Hagebutten

Tannenspitzenessig, Tannenspitzen in Essig (oben) oder einfach nur in Wein- oder Apfelessig eingelegte Gartenfrüchte erfreuen den Genießer durch ungeahnte Aromenvielfalt.

Tab. 9: Pflanzliche Rohstoffe für Ansatzessige

Kräuter und Pflanzen	für Ansatzessig verwendbarer Pflanzenteil	in der Küche außerdem geeignet für
Basilikum (Ocimum basilicum)	Gesamte Pflanze, Blätter, frisch oder getrocknet	Salate, Soßen, Gemüse, Nudelgerichte
Beifuß (Artemisia vulgaris)	Blätter, frisch oder getrocknet	Salate, Gemüse, Aal, Karpfen, Gänse- und Entenbraten, Wild
Bibernelle (Pimpinella saxifraga)	Gesamte Pflanze, Blätter, frisch oder getrocknet	Salate, Suppen, Soßen
Bohnenkraut (Satureja hortensis)	Blätter, Blütenspitzen, frisch oder getrocknet	Hülsenfrüchte, Fleischgerichte
Borretsch (Borago officinalis)	Blätter, frisch oder getrocknet, frische Blüten	Salate, Gemüse, Kräuterkäse
Brunnenkresse (Nasturtium officinale)	Blätter, frisch	Salate, Eierspeisen, Kartoffelgerichte, Fischsoßen
Chili (Capsicum frutescens)	Früchte, frisch oder getrocknet	Gemüse, Fleisch, Eingelegtes, Suppen, Soßen (Tabasco); getrocknet und gemahlen als Chilipulver
Dill (Anethum graveolens)	Blätter, frisch oder getrocknet, Samen	Salate, Eier, Fisch, Kartoffelgerichte, Fischsoßen
Estragon (Artemisia dracunculus)	Blätter, frisch oder getrocknet	Salate, Geflügel, Fisch, Eierspeisen, Soßen, Senf
Kardamom (Elettaria cardamomum)	Samen	Eingelegtes, Obstkompott, Backwaren, Currymischungen
Knoblauch (Allium sativum)	Zwiebel	Salate, Gemüse, Fleisch, Fisch, Meeresfrüchte, Suppen, Soßen u. a.
Koriander (Coriandrum sativum)	Blätter, frisch oder getrocknet, Samen	Blätter: Salate, Gemüse, Fleisch Samen: Currymischungen, Backwaren
Kreuzkümmel (Cuminum cyminum)	Samen	Lamm, Gurken- und Jogurtgerichte, Couscous, Gewürzmischungen
Kümmel (Carum carvi)	Blätter, frisch oder getrocknet, Samen, frische Wurzel	Blätter: Salate, Suppen Samen: Brot und Gebäck, Gulasch, Kohl, Kraut, Käse, Eintopfgerichte Wurzel: Gemüse

71

Tab. 9: Pflanzliche Rohstoffe für Ansatzessige (Forts.)		
Kräuter und Pflanzen	**für Ansatzessig verwendbarer Pflanzenteil**	**in der Küche außerdem geeignet für**
Liebstöckel (*Levisticum officinale*)	Blätter, frisch oder getrocknet, Samen	Blätter: Salate, Gemüse, Suppen, Eintopfgerichte Samen: Brot, Käsegebäck
Lorbeer (*Laurus nobilis*)	Blätter, getrocknet	Suppen, Soßen, Fleisch- und Eintopfgerichte, Eingelegtes
Meerrettich (*Armoracia rusticana*)	Blätter, Wurzel, frisch	Blätter: Salate Wurzel: Fisch, gekochtes Fleisch, Soßen, Eingelegtes
Oregano (*Origanum vulgare*)	Ganze Pflanze, Blätter, frisch oder getrocknet	Pizza, Aufläufe, Gemüse, Fleisch, Kartoffelgerichte, Soßen
Paprika (*Capsicum annuum*)	Früchte, frisch oder getrocknet	Roh oder gekocht als Salat, Gemüse, Eingelegtes; getrocknet und gemahlen als Cayennepfeffer und Paprikapulver
Pfeffer (*Piper nigrum*)	Beerenfrüchte, frisch, eingelegt oder getrocknet	Grundwürzmittel für fast alle Gerichte
Portulak (*Portulaca oleracea*)	Ganze Pflanze, Blätter, frisch	Salate, Gemüse, Soßen
Salbei (*Salvia officinalis*)	Blätter, frisch oder getrocknet	Gemüse, Fleisch, Leber, Gänsebraten, Aal, Nudelgerichte, Käse, Soßen
Senf (*Sinapis alba*)	Samen	ganze Samen: Eingelegtes, Gurkengerichte gemahlene Samen: Grundlage für Senf
Wacholder (*Juniperus communis*)	Beerenfrüchte, getrocknet	Sauerkraut, Wild, Pasteten, Eingelegtes, Schweinefleisch
Ysop (*Hyssopus officinalis*)	Ganze Pflanze, Blätter, Blüten, frisch oder getrocknet	Hülsenfrüchte, Fleisch
Zwiebel (*Allium cepa*)	Zwiebel	Gekocht und roh als Gemüse, Eingelegtes, in Salaten, als Würze für Fleisch, Fisch, Gemüse, Brot, Käse, Chutneys
Zitronenmelisse (*Melissa officinalis*)	Blätter, frisch	Salate, Nachspeisen

und Schlehen eignen sich zum Ansatz in stärker säurehaltigen Essigen (etwa 8 %). Stärker säurehaltig deshalb, weil durch den Ansatz der Früchte, die zu fast 90% aus Wasser bestehen, bei 25- bis 30 %iger Dosierung der Säuregehalt erheblich verdünnt wird. An der sehr schnellen Farbaufnahme des Essigs ist die beginnende Extraktion der Früchte zu erkennen, die je nach Zerkleinerungsgrad bis zu zwei Wochen andauern kann. Schneller geht es mit Fruchtsaftkonzentraten oder Fruchtsaftkonzentrat-Aromen. Diese auf natürlicher Basis hergestellten Produkte bieten aufgrund ihrer Vielfalt eine enorme Bandbreite potenzieller Erzeugnisse. Auf diese Weise kann man auf der Basis von neutralem Weißweinessig mit Pfirsichfruchtsaftkonzentrat-Aroma eine kleine Delikatesse zur Verfeinerung von Blattsalaten herstellen. Auch mit Aromen allein lassen sich Rot- und Weißweinessige einfach und preiswert verfeinern. Rotweinessig mit natürlichem Himbeer-, Brombeer- oder Heidelbeeraroma versetzt, steht den direkten Fruchtansätzen kaum nach. Zudem hat man nicht mit Trübungen zu rechnen.

Zur individuellen Aromatisierung von selbst hergestellten oder auch gekauften Grundessigen bietet sich eine große Zahl wild wachsender oder bei uns kultivierter Pflanzen an. Zitronenmelisse ist beispielsweise ein leicht im eigenen Garten anzubauendes Kraut mit intensivem Zitronenaroma. Es verleiht Ansatzessigen intensive Frische und Würzigkeit. Besonders eignet es sich zum Ansatz in Weißwein- oder Apfelessig. Welche Arten in welcher Dosierung man verwendet, ist vom persönlichen Geschmack abhängig. Deshalb werden in Rezepturen dazu keine eindeutigen Angaben gemacht. Wichtig ist, dass die pflanzlichen Materialien aus dem zu aromatisierenden Essig entfernt werden, bevor sie unansehnlich werden. In Tabelle 9 sind einige Beispiele aufgeführt, welche pflanzlichen Rohstoffe in welcher Form in Frage kommen.

Rezepte für aromatisierte Ansatzessige

Aromatisierte Essige sind gut ein Jahr haltbar. Alle Zutaten müssen gründlich gewaschen und sorgfältig trocken getupft werden, bevor man sie mit Essig übergießt. Zum Filtrieren sollte ein grobes Leinen- oder Mulltuch vorher ausgekocht werden, bevor man die Mixtur durchseiht. Die Zutaten ergeben jeweils etwa 4 Flaschen von 1/2 l Inhalt. Am besten sind die Essige an einem kühlen, möglichst dunklen Ort aufgehoben (Keller, Speisekammer). Es empfiehlt sich, die Flaschen und Gläser nach Abfüllung gleich mit Etiketten zu beschriften (Datum, Inhalt).

Basilikumessig

2 l Weißweinessig, 1 Bund Basilikum

Die Basilikumblätter in ein sauberes, verschließbares Gefäß geben. Mit Essig auffüllen und gut verschlossen etwa 10 Tage kühl aufbewahren. Dann die Mixtur filtrieren und in sterilisierte Flaschen füllen. 2–3 frische Basilikumblätter (gewaschen und trocken getupft) dazugeben.

Himbeeressig

1 1/2 l Weißweinessig, 750 g Himbeeren

Himbeeren (matschige Früchte beim Waschen aussortieren) vorsichtig in ein verschließbares Gefäß legen, mit Essig auffüllen. Das gut verschlossene Gefäß 2 bis 3 Wochen kühl aufbewahren, bis der Essig eine violette Färbung angenommen hat. Filtrieren, dabei die Himbeeren gut ausdrücken. In sterilisierte Flaschen füllen. Man erhält einen fein aromatischen Himbeeressig. Auf die gleiche Weise lässt sich mit Brombeeren auch ein köstlicher Brombeeressig herstellen.

Tipp:
Aromatisierter Essig oder in Essig eingelegte Lebensmittel, die längere Zeit gelagert
werden, sollten nicht nur in peinlich saubere, sondern möglichst sterile Flaschen
und Gläser abgefüllt werden: Mit Spülmittel
gründlich abwaschen und mit klarem Wasser nachspülen beziehungsweise in der
Spülmaschine säubern. In einen großen
Topf legen, die Gläser mit Wasser
bedecken, dieses zum Kochen bringen,
5 Minuten kochen lassen. Die Gläser bei
abgeschalteter Flamme dann bis zum Befüllen im Wasser liegen lassen und erst kurz
vorher herausnehmen und auf einem
Küchentuch abtropfen lassen.
Eine andere Methode hat sich ebenfalls
bewährt: Die gespülten Flaschen und Gläser 10 Minuten in den auf 150 °C vorgeheizten Backofen stellen beziehungsweise
legen und erst kurz vor dem Befüllen herausnehmen.

Holunderblütenessig

*2 l Weißweinessig, etwa 6 Handvoll frisch
gepflückte Holunderblüten*

Zwei 2-l-Flaschen mit Holunderblüten füllen.
Weinessig aufgießen und die Mixtur verkorkt
an einem warmen Ort (zum Beispiel auf dem
Küchenfensterbrett in der Sonne) 10 Tage stehen lassen. Dann filtrieren und in sterilisierte
kleine Flaschen abfüllen.

Veilchenessig

*2 l Weißweinessig, etwa 6 Handvoll frisch
gepflückte Veilchen*

Die Veilchen (von den Blüten beim Waschen
die Stiele entfernen) vorsichtig in zwei 2-l-Fla-
schen geben, mit Weinessig auffüllen und verkorkt 10–14 Tage warm aufbewahren. Dann
den Essig filtrieren und in sterilisierte kleine
Flaschen abfüllen. Gut verschlossen aufbewahren.

75

Südlicher Würzessig

*2 l Weißweinessig, 10 Knoblauchzehen,
6 Schalotten, 1 Bund Estragon, 150 g Kapern,
150 g Sardellen, 4 Lorbeerblätter*

Knoblauch und Schalotten schälen. Bis auf
die Lorbeerblätter die Zutaten kleinschnei-
den, alles in ein verschließbares Gefäß geben
und mit Essig auffüllen. 3 Wochen an einem
warmen Ort ziehen lassen, dann filtrieren
und in sterilisierte Flaschen abfüllen.

Lebensmittelrechtliche Bestimmungen

Deutschland

Nachfolgend werden die wichtigsten Abschnitte der Verordnung über den Verkehr mit Essig und Essigessenz wiedergegeben. Darin heißt es zur Entstehungsgeschichte und zur amtlichen Begründung der Verordnung aus dem Jahr 1972: „Diese Vorschrift dient dem Schutz des Verbrauchers. Durch die Art der Kennzeichnung soll eine Irreführung des Verbrauchers verhindert und eine ausreichende Unterrichtung gewährleistet werden."

Kennzeichnung:

(I) Essig darf gewerbsmäßig nur in den Verkehr gebracht werden, wenn er wie folgt gekennzeichnet ist:
1. Gärungsessig als „Essig" in Verbindung mit der Angabe der Ausgangs- und Rohstoffe,
2. Essig aus Essigsäure als „Essig aus Essigsäure"; Essig aus Essigessenz als „Essig aus Essigessenz",
3. mit Essigessenz oder Essig aus Essigessenz vermischter Gärungsessig als „Essig" mit dem Hinweis „hergestellt unter Zusatz von Essigessenz",
4. mit Essigsäure oder Essig aus Essigsäure vermischter Gärungsessig als „Essig" mit dem Hinweis „hergestellt unter Zusatz von Essigsäure".
(II) Essigessenz darf gewerbsmäßig nur in den Verkehr gebracht werden, wenn sie als solche gekennzeichnet ist.
(III) Der Gehalt an Essigsäure und anderen Säuren, die den verwendeten Ausgangs- oder Rohstoffen oder erlaubten Zusätzen entstammen (Gesamtsäuregehalt), ist, berechnet als wasserfreie Essigsäure, bei Essig in Gramm je 100 Milliliter, bei Essigessenz in Gramm je 100 Gramm mit den Worten „.... % Säure" anzugeben.
(IV) Die Angaben nach den Absätzen 1 bis 3

sind in deutscher Sprache und in deutlich sichtbarer, leicht lesbarer Schrift auf oder an den Behältnissen vorzunehmen.
Des Weiteren werden in der Verordnung die Begriffe Essig, Essigessenz und Essigsäure näher definiert:
(I) Essig im Sinne der Verordnung ist das Erzeugnis, das in 100 Millilitern mindestens 5 Gramm und höchstens 15,5 Gramm Säure, berechnet als wasserfreie Essigsäure, enthält und hergestellt ist
1. durch Essiggärung aus weingeisthaltigen Flüssigkeiten, auch unter Verdünnen mit Wasser (Gärungsessig),
2. durch Verdünnen von Essigsäure oder Essigessenz mit Wasser oder
3. durch Vermischen von Gärungsessig mit Essigsäure, Essigessenz oder Essig aus Essigessenz.
(II) Essigessenz im Sinne dieser Verordnung ist gereinigte, mit Wasser verdünnte Essigsäure, die in 100 Gramm mehr als 15,5 Gramm, jedoch höchstens 25 Gramm wasserfreie Essigsäure enthält.
(III) Diese Verordnung gilt nicht für Weinessig; er unterliegt den einschlägigen weinrechtlichen Bestimmungen.
Gärungsessig ist das ausschließlich durch Essiggärung aus weingeisthaltigen Flüssigkeiten, auch unter Verdünnen mit Wasser, hergestellte Erzeugnis. Er wird nach den jeweiligen Rohstoffen benannt. Als weingeisthaltige Flüssigkeiten kommen im Wesentlichen in Betracht: Branntwein, Wein, Obst- und Beerenwein, ferner die Erzeugnisse der alkoholischen Gärung aus Malz (Anm. d. V.: und desgleichen der alkoholischen Vergärung von Molke, aus gemälzten Getreidekörnern, insbesondere aus Gerste sowie aus Kartoffeln).
Die Bezeichnung „Gärungsessig" ist den durch Essiggärung erhaltenen Flüssigkeiten vorbehalten. Verschnitte von Gärungsessig mit Essig anderer Art oder mit Essigsäure fallen nicht unter den Begriff Gärungsessig und

seiner Unterarten. Andere Essige sind Kräuteressig beziehungsweise Gewürzessig. Diese Essige werden durch Ausziehen von Kräutern oder Gewürzen mit Essig oder durch Zugabe von Kräuter- oder Gewürzauszügen hergestellt. In der Bezeichnung muss zum Ausdruck kommen, welche Art von Essig verwendet worden ist. [...] Die Bezeichnung „Kräuteressig" allein ist in keinem Fall zulässig. [...] Neben den genannten Gewürzauszügen sind Fruchtsaft, Zucker, Zuckercouleur, Kochsalz als Zusätze zulässig. Zulässig sind auch Mischungen der einzelnen Essigarten. Unzulässige Zusätze sind, außer den für Essig ausdrücklich nicht zugelassenen Zusatzstoffen, zum Beispiel fremde Säuren wie Zitronensäure, die nicht aus den verwendeten Roh- und Ausgangsstoffen oder zulässigen Zutaten stammen, scharf schmeckende Stoffe wie zum Beispiel Paprika, die einen höheren Säuregehalt vortäuschen können, sowie Schlempe jeglicher Art. Gärungsessig darf geschwefelt werden, eine Kenntlichmachung ist nicht erforderlich, da der zulässige Höchstwert 50 mg/kg nicht übersteigt. Allerdings wurde erst unlängst die Höchstmenge an gesamter schwefliger Säure bei Gärungsessigen auf 170 mg/l erhöht. Überschreitet der Schwefeldioxidgehalt 50 mg/l, ist eine Kenntlichmachung durch die Angabe „geschwefelt" vorgeschrieben. Diese Zusatzstoff-ZulassungsVO gilt auch für Weinessig, für den außerdem ein Mindestsäuregehalt von 60 g/l verbindlich vorgeschrieben ist.

Für Weinessige ist das Weingesetz verbindlich. Als Weinessig sind solche Erzeugnisse anzusehen, die ausschließlich aus Wein hergestellt sind und einen Essigsäuregehalt von mindestens 60 g/l (= 6 %) aufweisen. Obwohl nicht eindeutig durch Gesetze geregelt, soll es erlaubt sein, Weinessige mit mehr als 6 % Essigsäure mit Trinkwasser auf diesen Schwellenwert zu verdünnen, der Gehalt an Essigsäure muss jedoch ausschließlich aus der Vergärung von Wein herrühren. Es muss an dieser Stelle nochmals angemerkt werden, dass die Verdünnung von Weinessig auf einen Mindestsäuregehalt von 6 % durch Trinkwasserzusatz auch heute noch strittig ist. Der Artikel 15 Abs. 4 VO (EWG) Nr. 822/87 besagt eindeutig, dass ein Zusatz von Wasser bei den unter Artikel 1 genannten Erzeugnissen – und Weinessig ist dort ausdrücklich erwähnt – verboten ist. Hier gibt es offenbar eine Gesetzeslücke beziehungsweise eine Disharmonie zwischen nationalem und europäischem Recht. Da das europäische Recht weiterreichend ist als die nationale Gesetzgebung, ist nach juristischer Auffassung das Verdünnen von Weinessig mit Trinkwasser verboten. Essigstichige Weine dürfen zu Weinessig oder Essig verarbeitet werden, es ist aber zu beachten, dass solche Weine, wenn sie in den Warenverkehr gebracht werden, in den Begleitpapieren als essigstichig zu kennzeichnen sind. Als derartig verdorbene Weine sind anzusehen: Weißweine mit mehr als 1,08 g, Rotweine mit mehr als 1,2 g, Beerenauslesen und Eisweine mit mehr als 1,8 g und Trockenbeerauslesen mit mehr als 2,1 Gramm flüchtiger Säure pro Liter. Die Bezeichnungen Kabinett, Spätlese, Auslese, Beerenauslese, Trockenbeerauslese und Eiswein dürfen im geschäftlichen Verkehr nur in Verbindung mit Wein gebraucht werden. Der Begriff Trockenbeerauslese-Weinessig beispielsweise wäre dementsprechend widerrechtlich. Möglich und auch ratsam ist die Angabe der Rebsorte des Grundweines, nicht erlaubt ist hingegen der Begriff „Erzeugerabfüllung", der allein Weinen vorbehalten ist.

Als verdorbene Essige sind anzusehen:
a) Essig und Essigsäure, die in erheblichem Maße Essigälchen enthalten oder kahmig

Ansatzessig mit Erdbeeren.

sind oder sonstwie starke Verunreinigungen aufweisen,

b) Essig und Essigsäure, die als solche oder nach dem Verdünnen fremdartig riechen oder schmecken,

c) Essig oder Essigsäure, die aus verdorbenen Erzeugnissen oder unter Mitverwendung solcher Erzeugnisse gewonnen sind; lediglich essigstichig gewordene Erzeugnisse sind dabei nicht als verdorben anzusehen.

Sonstiges

Weitere wichtige Punkte der Verordnung über den Verkehr mit Essig und Essigessenzen sind:

- Essig mit weniger als 11 Gramm Essigsäure kann offen abgegeben werden. Wird er in Behältnissen abgegeben, müssen die Behältnisse nicht die Beschaffenheit haben wie für die höherprozentigen Erzeugnisse. Für diese gilt, dass sie gewerbsmäßig nur in verschlossenen Behältnissen in den Verkehr gebracht werden, die den zu erwartenden Beanspruchungen sicher widerstehen und aus Werkstoffen hergestellt sind, die von Essigessenz nicht angegriffen werden und mit ihr nicht in gefährlicher Weise reagieren. Die Behältnisse müssen in deutscher Sprache und in deutlich sichtbarer, leicht lesbarer Schrift mit dem Hinweis „Vorsicht! Nicht unverdünnt genießen!" versehen sein.
- Inverkehrbringen im Sinne dieser Verordnung ist das Anbieten, das Vorrätighalten zum Verkauf, das Feilhalten, das Verkaufen und jedes sonstige Überlassen an andere. Dem gewerbsmäßigen Inverkehrbringen steht es gleich, wenn die Erzeugnisse für Mitglieder von Genossenschaften oder ähnlichen Einrichtungen zur Gemeinschaftsverpflegung abgegeben werden.
- Bei Essigen bedarf es keiner Angabe des Mindesthaltbarkeitsdatums.

- Eichrechtliche Vorschriften: Speiseessig darf nur in einem Füllmengenbereich zwischen 0,005 bis 10 Liter in den Verkehr gebracht werden. Bei Essig mit einer Füllmenge von weniger als 25 Gramm oder Milliliter bedarf es keiner Füllmengenbezeichnung.

Österreich

Die gesetzlichen Grundlagen der Essigbereitung in Österreich sind in Kapitel B8 des Österreichischen Lebensmittelbuches (ÖL) zusammengefasst. Auch hier soll nicht der gesamte Gesetzestext wiedergegeben werden, sondern nur die wichtigsten Punkte desselben, und das nur dann, wenn diese in entscheidenden Aspekten den in Deutschland geltenden Verordnungen widersprechen.

- ÖL B8. Absatz 8: Man unterscheidet Gärungsessig und Säureessig.

a) Gärungsessig liegt vor, wenn die Essigsäure durch doppelte Fermentation entstanden ist. Er enthält typische Fermentationsprodukte, wie 2-Ketogluconsäure, 5-Ketogluconsäure, Zitronensäure und Aminosäuren. Alle aus Wein, Obstwein oder Honig hergestellten Gärungsessige enthalten für sie charakteristische Stoffe wie Acetoin und 2,3-Butylenglykol.

b) Säureessig entsteht durch Verdünnen von konzentrierter Essigsäure mit Trinkwasser und enthält die in a) erwähnten Fermentationsprodukte nicht.

- ÖL B8. Absatz 9: Gärungsessig wird nach den verwendeten Ausgangsmaterialien unterschieden:

aa) Weinessig wird aus Traubenwein erzeugt. Schlempe, Geläger und Trester werden zur Herstellung von Weinessig nicht verwendet.

bb) Obstweinessig wird aus Obstwein

erzeugt. Schlempe, Geläger und Trester werden zur Herstellung von Obstweinessig nicht verwendet.

cc) Trester-, Bier-, Malz-, Honig-, Molkenessig und andere werden, ihrer Bezeichnung entsprechend, aus Trestern (Pressrückständen), Bier, vergorener Malzwürze, vergorenem Honig, vergorener Molke und anderem erzeugt.

dd) Weingeistessig wird aus Alkohol für Genusszwecke (Weingeist) erzeugt.

- ÖL B8. Absatz 16: Essigen können andere Lebensmittel wie Fruchtmark, Fruchtsäfte, Honig, Zucker, Zuckerarten, Fruchtsüße und Salz zugesetzt werden.

- ÖL B8. Absatz 17: Essigen können als Geschmacksverstärker Glutaminsäure und deren Mononatrium-, Monokalium- und Calciumsalze zugesetzt werden.

- ÖL B8. Absatz 20: Gärungsessig

aa) Restalkohol: Wein- und Obstweinessig höchstens 4 g/l, andere Gärungsessige höchstens 8 g/l.

bb) 2-Ketogluconsäure: nachweisbar; 5-Ketogluconsäure: nachweisbar; Gluconsäure: nachweisbar.

- ÖL B8. Absatz 21: Weinessig

aa) Die Beurteilung von Weinessig lässt die ausschließliche Verwendung von Wein (allenfalls nach Verdünnung mit Trinkwasser), der im Sinne des Weingesetzes zur Essigbereitung geeignet ist, erkennen.

bb) Chemische Anforderungen:
1. Acetoin: nachweisbar; 2. Sorbit: unter 0,3 g/l; 3. Fremdfarbstoff: nicht nachweisbar; 4. Konservierungsmittel: nicht nachweisbar; 5. Antioxidantien: nicht nachweisbar.
Zusätzlich müssen für österreichischen Qualitäts-Weinessig bestimmte, genau definierte Verhältnisse zwischen Gesamtsäure und zuckerfreiem Extrakt

sowie Gesamtsäure und Aschegehalt nachweisbar sein.

- ÖL B8. Absatz 22: Obstweinessig

aa) Die Beurteilung von Obstweinessig lässt die ausschließliche Verwendung von Obstwein (allenfalls nach Verdünnung mit Trinkwasser), der im Sinne des Weingesetzes zur Essigbereitung geeignet ist, erkennen.

bb) Chemische Anforderungen:
1. Acetoin: nachweisbar; 2. Weinsäure: unter 0,1 g/l; 3. Sorbit: in Beerenweinessig unter 0,1 g/l; 4. und 5. und Zusatzanforderungen: wie bei Weinessig.

- ÖL B8 Absätze 24 bis 31 (Bezeichnungen)
Absatz 24: Die Bezeichnung „Essig" für sich allein oder in Verbindung mit Fantasiebezeichnungen ist zur Täuschung geeignet, weil sie nichts über die besondere Beschaffenheit des Essigs aussagt. Daher wird die Bezeichnung „Essig" allein und in Verbindung mit Fantasiebezeichnungen nicht als Sachbezeichnung verwendet.
Absatz 25: Die Erzeugnisse werden deutlich sicht- und lesbar auf der Hauptetikette im Sichtfeld wie folgt bezeichnet: Gärungsessig: alle in Absatz 9a genannten Produkte als „Weinessig", alle in Absatz 9b genannten Produkte in der Verbindung mit der jeweiligen Obstart als „... essig" oder „... weinessig" (z. B. als „Apfelessig", „Apfelweinessig"). Alle in Absatz 9c genannten Produkte nach ihrer Herkunft (zum Beispiel „Tresteressig", „Bieressig"). Alle in Absatz 9d genannten Produkte als „Weingeistessig".
Absatz 28 : Wird in der Bezeichnung auf Honig hingewiesen, so stammt der Zuckeranteil gänzlich aus Honig.
Absatz 29: Zusätzliche hervorhebende Bezeichnungen bedingen die Beigabe anderer Lebensmittel und zwar derart, dass sich der Essig im Sinne der Beigabe deutlich

vom verwendeten Grundprodukt abhebt.
Absatz 30: Essigsäure mit einem Gehalt
von mehr als 15,5 % wasserfreier
Essigsäure wird handelsüblich als „Essigessenz" bezeichnet.
Absatz 31: Weinessige und Obstweinessige
aus Obst aus biologischem Anbau sind in
unmittelbarem Zusammenhang mit der
Sachbezeichnung gemäß Absatz 25 als
„aus Obst aus biologischem Landbau",
„aus Obst aus biologischer Landwirtschaft"
zu bezeichnen. Statt „biologisch" kann
auch die Bezeichnung „organisch-biologisch" oder „biologisch-dynamisch" verwendet werden.

Schweiz

In der Schweiz ist das Inverkehrbringen von
Gärungsessig und Essigsäure zu Speisezwecken durch die Artikel 434 bis 441 der
Schweizerischen Lebensmittelverordnung
geregelt. Es werden hier nur Besonderheiten
beziehungsweise Abweichungen zu deutschen
sowie österreichischen Verordnungen angegeben.

- Art. 434,2 Absatz f: Milchserumessig ist
Gärungsessig aus Milchserum oder Ultrafiltrat (Permeat).
- Art. 434,3 Absatz b: Zitronenessig ist eine
Gärungsessigmischung, die durch teilweisen Ersatz von Gärungsessig durch Zitronensaft hergestellt ist.
- Art. 435,1 Absatz a: Der Gehalt von
Gärungsessigen an Gesamtsäure, als
Essigsäure berechnet, muss mindestens
45 g/l betragen.
- Art. 435,1 Absatz b: Der Ethylalkoholgehalt von Gärungsessigen darf 0,5 %vol, bei
Weinessig 1 %vol nicht überschreiten.
- Art. 435,1 Absatz f: Das Mischen von
Gärungsessig mit Essigsäure ist verboten.

- Art. 435,2 Absatz e: Molken- und Milchserumessig muss als Säure hauptsächlich
Essigsäure und Milchsäure enthalten,
wobei die Essigsäure mengenmäßig überwiegen muss. Der Lactoserestgehalt darf
5 g/l nicht überschreiten.
- Art. 435,3 Absatz a: Zitronenessig muss zu
mindestens einem Drittel seines Volumens
aus Zitronensaft bestehen. Der Zitronensaft kann ganz oder teilweise durch die entsprechende Menge Zitronensaftkonzentrat
ersetzt werden. Zum Säureausgleich ist ein
Zusatz von reiner Zitronensäure zulässig.
- Art. 438: Essigsäure zu Speisezwecken ist
Essigsäure, die auf chemischem Weg hergestellt und mit Trinkwasser verdünnt worden ist. Sie darf einen Säuregehalt von
höchstens 14 % aufweisen. Aromatisierende Zusätze sind gestattet. Die Sachbezeichnung lautet „Essigsäure zu Speisezwecken". Bezeichnungen wie „Essig"
ohne weitere Angaben oder „Essenzessig"
sind nicht zulässig.

Europäische Union

Seit Januar 1993 ist im gemeinschaftlichen
Binnenmarkt der EU-Mitgliedstaaten der freie
Warenverkehr mit Lebensmitteln möglich.
Jedes Erzeugnis, das nach den Vorschriften
des Herstellerlandes ordnungsgemäß produziert wurde, darf demnach in den anderen
Mitgliedstaaten vermarktet werden. Dass dies
ohne einheitliche EG-Vorschriften nicht reibungslos funktioniert, erkannte auch die EG-
Kommission, die in ihrer Mitteilung „Vollendung des Binnenmarktes – Das gemeinschaftliche Lebensmittelrecht" bereits im November
1985 und im Dezember 1989 feststellte:
Durch EG-Recht wird nur das geregelt, was
für alle Lebensmittel der Gemeinschaft gleichmäßig gelten soll (horizontale Rechtsanglei-

chung). Die betroffenen EG-Wirtschaftsverbände sollten – sofern dies erforderlich ist – selbst Regelungen über einzelne Produkte vornehmen (vertikale Rechtsangleichung).

Für den Markt der Essige in der Gemeinschaft bestand das Bedürfnis, EG-einheitliche Regeln zur Produktion, Zusammensetzung und Kennzeichnung zu erstellen, da die entsprechenden Vorschriften der EG-Mitgliedstaaten stark differierten. Vor allem die Kriterien der Mindestsäurestärke, der Produktbezeichnung, erlaubten Zutaten sowie Zusatzstoffen waren äußerst unterschiedlich.

Das Volumen des innergemeinschaftlichen Handels mit Essig ist beträchtlich. Etwa 17 % der Essigproduktion Europas werden über die Grenzen des Binnenmarktes abgewickelt. Insgesamt werden von ungefähr 170 industriellen Herstellern in der Gemeinschaft etwa 4,5 Millionen Hektoliter Essig auf der Basis eines Säuregehalts von 10 % produziert. Die deutlich mittelständisch geprägte Branche erwirtschaftet hierbei einen Umsatz von annähernd 500 Millionen DM (etwa 250 Millionen Euro).

Schon 1987 wurde von der FAO/WHO-Codex-Alimentarius-Kommission der „Europäische Regionalstandard für Essig" verabschiedet. Da dieser nicht von allen EG-Mitgliedsstaaten in ihre nationale Gesetzgebung übernommen wurde, erfolgte eine vertikale Rechtsangleichung, die unterschiedlichen Vorschriften für Essig wurden harmonisiert. Als Ergebnis kann festgestellt werden, dass die hierbei festgelegten Anforderungen an Essige weitgehend mit den deutschen Vorschriften der Verordnung über den Verkehr mit Essig und Essigessenz übereinstimmen.

Zwei Aspekte werden durch die „Erläuternde Mitteilung der Kommission über die Verkehrsbezeichnung von Lebensmitteln" verdeutlicht:

a) Die Bezeichnung Essig kann in den EG-Mitgliedstaaten für Erzeugnisse verboten werden, die – wie verdünnte synthetische Essigsäure – nicht durch doppelte Gärung (alkoholische und Essigsäuregärung) gewonnen wurden. Das mögliche Verbot des Namens „Essig" für solche Erzeugnisse liegt im Interesse der Verbraucher, die als Essig ein traditionell aus landwirtschaftlichen Rohstoffen hergestelltes Produkt erwarten.

b) Aus a) kann abgeleitet werden, dass die Bezeichnung „Essig" auch für Mischungen aus Gärungsessig und verdünnter Essigsäure/Essigessenz ausgeschlossen ist.

Europäische Beurteilungsmerkmale für Essig (Code of Practice)
(November 1990)

I. Anwendungsbereich/Produktdefinition

Die Bezeichnung „Essig" ist dem Erzeugnis vorbehalten, das ausschließlich durch den biologischen Vorgang der doppelten Gärung, nämlich der alkoholischen und der nachfolgenden Essigsäuregärung, von Flüssigkeiten oder anderen Produkten landwirtschaftlicher Herkunft hergestellt wird. Einige Sorten von Essigen, die vermarktet werden, sind:

Weinessig ist ein Erzeugnis, das nach dem Verfahren des Abs. 1 ausschließlich aus Wein gewonnen wird,

Obst(wein)essig, Apfel(wein)essig, Beeren(wein)essig sind Erzeugnisse, die nach dem Verfahren des Abs. 1 aus Fruchtwein oder Beerenwein oder Apfelwein gewonnen wird,

Branntweinessig ist ein Erzeugnis, das nach dem Verfahren des Abs. 1 aus destilliertem Alkohol gewonnen wird,

Getreideessig ist ein Erzeugnis, das ohne Zwischendestillation nach dem Verfahren des Abs. 1 gewonnen wird, wobei die Verzuckerung der Stärke auf andere Weise als ausschließlich durch die Diastase (Anmerkung:

im heutigen Sprachgebrauch Amylasen) von gemälzter Gerste erfolgt,

Malzessig ist ein Erzeugnis, das ohne Zwischendestillation nach dem Verfahren des Abs. 1 aus gemälzter Gerste mit oder ohne Hinzufügung von Getreidekörnern gewonnen wird, wobei die Verzuckerung der Stärke ausschließlich durch die Diastase (s. o.) von gemälzter Gerste erfolgt,

Destillierter Malzessig ist ein Erzeugnis, das durch Destillation von Malzessig unter reduziertem Druck nach dem Verfahren des Abs. 1 hergestellt wird. Es enthält nur die flüchtigen Bestandteile des Malzessigs, aus dem es hergestellt ist,

Kräuteressig, aromatisierter Essig sind Essige, denen bestimmte Zutaten gemäß Ziffer V und VI zugesetzt wurden.

II. Als Rohstoffe werden verwendet:

1. Wein aus Trauben, Obst oder Beeren, Apfelwein;
2. Alkohol landwirtschaftlicher Herkunft;
3. Erzeugnisse landwirtschaftlichen Ursprungs, die Stärke, Zucker oder Stärke und Zucker enthalten, beispielsweise: Früchte, Beeren, Getreidekörner, gemälzte Gerste, Molke.

III. Technische Hilfsstoffe

Zur Ernährung der Essigsäurebakterien werden diesen Rohstoffen organische Substanzen wie Malzpräparate, Stärkesirup, Glucose und anorganische Substanzen wie Phosphate, Ammoniumsalze in den hierfür notwendigen Mengen zugesetzt.

IV. Säuregehalt

Der Gesamtsäuregehalt der Essige beträgt in 100 ml mindestens 5 g, berechnet als wasserfreie Essigsäure. Der Säuregehalt von Weinessig beträgt – entsprechend Anhang 1 Nr. 19 der VO-EWG 822/87 – mindestens 6 g in 100 ml, berechnet als wasserfreie Essigsäure.

V. Erlaubte Zutaten

Um den Essigen einen besonderen Geschmack zu verleihen, können ihnen die folgenden Zutaten zugesetzt werden, die organoleptisch wahrnehmbar sein müssen:

a) Pflanzen und Pflanzenteile, einschließlich Gewürze und Früchte
1. in unverändertem oder getrocknetem Zustand, zerkleinert oder nicht, bis zur Höchstmenge von 150 Gramm Abtropfgewicht je 1000 ml des Erzeugnisses;
2. in Form von Auszügen.

b) Zucker bis zu 100 g je 1000 ml des Gesamtvolumens des Erzeugnisses;

c) Salz bis zu 100 g je 1000 ml des Gesamtvolumens des Erzeugnisses; bei Malzessig jedoch nur bis 4 g je Säuregrad des Erzeugnisses;

d) Honig bis zu 100 g je 1000 ml des Gesamtvolumens des Erzeugnisses, berechnet als Gesamtzucker;

e) natürliche und/oder konzentrierte Fruchtsäfte mindestens 100 g je 1000 ml und höchstens 150 g je 1000 ml des Gesamtvolumens – bezogen auf natürliche Fruchtsäfte – des auf 6 % verdünnten Erzeugnisses.

VI. Erlaubte Zusatzstoffe

1. Schweflige Säure und deren Salze (E 220 bis 227), berechnet als gesamte schwefelige Säure. Höchstmenge: 170 mg/kg
2. Zuckercouleur (E 150) für alle Essigsorten außer Weinessig.
3. L-Ascorbinsäure (E 300) als Antioxidationsmittel.
4. Geschmacksverstärker L-Glutaminsäure, Natriumglutamat, Calciumglutamat (E 620, E 621, E 623).
5. natürliche Aromen und natürliche Aromastoffe.

VII. Nicht erlaubte Zusätze

Bei der Essigherstellung ist die Verwendung folgender Substanzen nicht erlaubt:

1. künstliche Aromastoffe aller Art;
2. künstliche und natürliche Weinbeeren-Öle;
3. Rückstände der Destillation (Schlempen aller Art und Derivate), die Rückstände der Gärung (Weinhefe und Weintrub) und die daraus stammenden Erzeugnisse;
4. Auszüge aus Trestern aller Art;
5. Säuren aller Art, mit Ausnahme derer, die natürlicherweise in den Rohstoffen vorhanden sind oder anderer Substanzen, deren Zusatz erlaubt ist.
6. Farbstoffe mit Ausnahme der in Ziffer VI erwähnten.

VIII. Kennzeichnung

1. Die Bezeichnung „Essig" als solcher oder als Wortverbindung mit anderen Bezeichnungen ist ausschließlich dem Erzeugnis gemäß Ziffer I (doppelte Gärung, landwirtschaftliche Rohstoffe) vorbehalten.
2. Die aus einem einzigen Rohstoff hergestellten Essige werden als „Essig" in Verbindung mit der Angabe des Rohstoffes vermarktet, wie zum Beispiel „Branntweinessig", „Weinessig", „Malzessig".
3. Die aus mehreren Rohstoffen hergestellten Essige werden als „Essig" in Verbindung mit der Angabe aller Rohstoffe vermarktet.
4. Wird im Zusammenhang mit der Verkehrsbezeichnung auf Zusätze gemäß Ziffer V (Zucker, Honig, Fruchtsaft) hingewiesen, wie „mit ... Gramm/Liter Zucker" (Honig, Salz), so muss der Anteil dieser Zusätze im Erzeugnis mindestens 20 Gramm je 1000 ml des Gesamtvolumens des Erzeugnisses betragen.

5. Die Bezeichnung „Essig" kann in Verbindung mit einer Herkunftsangabe stehen (Sherryessig, Aceto de vino chianti), wenn entweder der verwendete Rohstoff aus der genannten Region stammt oder das Erzeugnis in der Region hergestellt oder nach einem speziellen Verfahren der Region gewonnen wurde.
6. Auf dem Etikett ist der Säuregehalt der Essige als Gesamtsäure, berechnet als Essigsäure, mit den Worten „...% Säure" anzugeben.
7. Auf dem Etikett ist die in Litern, Zentilitern oder Millilitern ausgedrückte Nennfüllmenge anzugeben.
8. Die Essige dürfen nicht so bezeichnet oder aufgemacht sein, dass sie den Verbraucher über ihre Art oder ihre Herkunft irreführen könnten. Das gilt besonders im Falle des Zusatzes von Zuckercouleur zu Essig entsprechend Ziffer VI, 2.

IX. Untersuchungsmethoden

Zu folgenden Untersuchungsmethoden werden im Kreise der Technischen Kommission der EG-Vereinigung der Essigindustrie-Verbände C.P.I.V. zurzeit einheitliche Vorschriften erarbeitet und in Ringversuchen getestet. Sie sollen später veröffentlicht werden.

1. Gesamtsäure, berechnet als wasserfreie Essigsäure
2. gesamte schwefelige Säure
3. Unterscheidung von Gärungsessig und chemischer Essigsäure durch NMR-Methode
4. Restalkohol
5. Asche
6. Trockensubstanz
7. Zuckercouleur

Essig und Gesundheit

Essig als Allheilmittel?

Essig fördert die Sekretion von Verdauungssäften – was übrigens für die meisten Gewürze gilt. Im antiken Griechenland und in Ägypten wurde Essig auch im kosmetischen Bereich verwendet. In der Medizin wird dem Essig heilende und desinfizierende Wirkung nachgesagt; in der Literatur findet sich der Hinweis, dass mit Essig getränkte Mundtücher im Mittelalter vor einer Pestinfektion geschützt haben sollen.

Was die gesundheitlichen Aspekte von Essig betrifft, wurden dem Essig, insbesondere dem Apfelessig, in den letzten Jahren phänomenale Effekte zugeschrieben. Nach Aussage der Deutschen Gesellschaft für Ernährung e.V. sind mit Ausnahme der antibakteriellen Wirkung die versprochenen Wirkungen von Essig wissenschaftlich nicht belegt. Die in Apfelessig enthaltenen Stoffe wie Mineralstoffe, vor allem Kalium, Spurenelemente, Enzyme, Aminosäuren, Pektin und β-Carotin sollen krankheitslindernde Wirkungen haben. Wie Analysen zeigen, sind die Gehalte im Vergleich zum Apfel jedoch gering: 10 g Apfelessig (entsprechend zwei Teelöffeln Essig) enthalten beispielsweise nur 10 mg Kalium, 0,001 mg β-Carotin und 0,06 mg Eisen. Ein mittelgroßer Apfel liefert dagegen 187 mg Kalium, 0,034 mg β-Carotin und 0,62 mg Eisen. Tatsache ist jedoch, dass Essigsäure entkeimende Eigenschaften besitzt und dass beispielsweise die Pectine des Apfelessigs die Verdauung günstig beeinflussen. So lässt sich Fleisch besser verdauen, wenn das Gericht oder eine Beilage mit Essig zubereitet wurde.

Essig für Haut und Haare

In der Medizin und vor allem in der Volksheilkunde ist die Fieber senkende Wirkung essigsaurer Umschläge oder die Linderung durch essigsaure Tonerde bei Prellungen und Verstauchungen anerkannt. Essig hilft auch bei infektiösen Hautirritationen, da in diesem Fall die zelltötende Eigenschaft der Essigsäure zur Schwächung und sogar Abtötung der Infektionskeime führen kann.

Als Badewasserzusatz wirkt Essig anregend, hierfür werden 2 bis 3 Tassen Essig (5 bis 6 % Säure) für ein Vollbad empfohlen. Besonders fette und unreine Haut wird durch solch ein saures Bad mild gereinigt und gepflegt. Essig kann auch Haarpflegemittel ersetzen. Fettendes Haar sollte nach dem Waschen mit Essigwasser (1 Teil Obstessig, 2 Teile Wasser) gespült werden, um Schaum- und Seifenreste und vor allem Kalkrückstände gründlich zu entfernen. Zusätzlich wird durch die Behandlung das Nachfetten der Haare verzögert. Stumpfes Haar bekommt durch eine Essigspülung wieder Glanz und wird angenehm weich.

Mücken und Schnaken mögen keinen Essig. Reibt man die Haut mit etwas Essigwasser ein, hält dies die lästigen Insekten weitgehend fern. Wurde man doch einmal von einer Biene, Wespe oder Mücke gestochen, empfiehlt es sich, die Einstichstelle sofort mit unverdünntem Essig einzureiben. Dies lindert die Schmerzen spürbar und wirkt vorbeugend gegen Schwellungen.

Essig in Küche und Haushalt

Essig, vor allem in Form von Essigessenz, ist auch ein gutes Putzmittel, wobei diese eine höhere Essigsäurekonzentration hat als Speiseessig. Dadurch verstärken sich die keimtötenden Eigenschaften und die desinfizierende Wirkung. Außerdem ist Essigsäure in der Lage, Karbonate aufzulösen. Einfacher ausgedrückt: Essig beseitigt Kalk.

Zusätzlich gibt es im Haushalt unzählige andere Einsatzbereiche: Gibt man beim Abspülen des Geschirrs dem Spülwasser einen Schuss Essig zu, wird weniger tensidhaltiges Spülmittel benötigt und das Geschirr wird genauso sauber. Gleiches gilt für die Spülmaschine: Klarspüler kann man durch Essig ersetzen. Sogar trübes Glas und empfindliches Kristallglas glänzen wieder, wenn das Spülwasser etwas Essig enthält – eine halbe Tasse Essig auf 4 Liter Wasser genügt. Bei hartnäckigen Verschmutzungen in Töpfen und Pfannen sollte man nicht gleich zu groben Scheuermitteln greifen. Mit Essig und eventuell einem Esslöffel Salz lässt sich auch dieses Problem gründlich und schonend lösen. Die Kochtöpfe müssen 30 Minuten in unverdünntem Essig eingeweicht werden, so lösen sich Fett und angetrocknete Speisereste. Anschließend noch kurz mit heißem Seifenwasser abspülen. Auch der Backofen wird tadellos sauber, wenn man ihn mit einem essiggetränkten Tuch auswäscht. Aluminiumgefäße bekommen durch Wasser und Nahrungsmittel häufig unansehnliche Flecken und Verfärbungen. Kocht man diese mit Essigwasser aus (1 EL Essig je Tasse Wasser), sehen sie wieder wie neu aus. Bekannt ist, dass Kalk oder Tee- und Kaffeeflecken in Kesseln und Kannen, Heißwassergeräten, Thermoskannen, Kaffee- oder Teeautomaten ebenfalls mit Essig entfernt werden können. Weniger weiß man, dass Brot länger frisch bleibt und seinen natürlichen Duft behält, wenn der Brotkasten regelmäßig mit Essigwasser ausgewaschen wird. Essig bindet Fremdgerüche und verhindert Schimmelbildung. Deshalb kann man durch die regelmäßige Reinigung des Kühlschranks mit Essigwasser erreichen, dass es dort nicht riecht und die Lebensmittel nicht so schnell verschimmeln.

Tipp: Beim Waschen von Salat, Kräutern und Gemüse gibt man dem ersten Waschwasser einige Spritzer Essig zu. Dies entfernt Insekten.

Höherprozentige Essigsäurelösungen (bis 20 %) dienten früher vor allem bei stark infektionsgefährdeten Lebensmitteln wie Fisch als Konservierungsmittel. Heute werden derart hochkonzentrierte Essige nur noch als Marinade bei einigen Prozessen der Zwischenlagerung zur Herstellung von Fischkonserven verwendet. Bessere Verpackung und die Sterilisierung durch Hitze schließen eine nachträgliche Infizierung solcher Erzeugnisse nahezu aus. Auch im Haushalt wurde Essig früher häufig als Konservierungsmittel eingesetzt. Meistens wurden zu diesem Zweck Mischungen aus Essig und Zucker oder Essig und Salz verwendet.

Rezepte mit Essig

Über den Genuss

Genussfähigkeit setzt Fantasie, Träume, Erinnerungen und eine besondere Vorstellungskraft voraus. Genuss ist zeitlich begrenzt und von komplexer Natur. Genuss hat seinen Augenblick, er braucht eine gewisse Stimmigkeit und Harmonie. Genuss ist auch niemals vom Preis für ein Produkt abhängig. Jeder Mensch kennt Situationen, die ein Genuss waren und keinen Pfennig kosteten: ein anregender Abend mit Freunden, der Blick vom Gipfel ins Tal, ein frisches Butterbrot, belegt mit gehackten Radieschen auf einer Wiese in der Frühlingssonne...

Wenn im deutschen Sprachraum über Lebensmittel geschrieben wird, taucht sonderbarerweise nur selten der Begriff Genuss auf, obwohl dieser eigentlich im Zentrum stehen müsste. Nehmen wir zum Beispiel die Beschreibung eines Weines: Die Anzahl Gramm flüchtige Säure pro Liter, der Restzuckergehalt, die Alkoholkonzentration oder die Zucker-/Säureverhältnisse werden erläutert, aber kein Wort findet sich zum Genuss oder Genusswert des besprochenen Weines. Wie anders dagegen liest sich dies in Frankreich: „Der Margaux des Chateau Haut-Breton Larigaudiere 1994... gefiel auf Anhieb mit seiner Margaux-typischen Feinheit und seinem weichen Schmelz. Im Glas dunkles, strahlendes Rubin. Die Nase Wildkirsch und feine Eichenholzwürze. ... Ein auf große Harmonie gebauter Wein mit viel Gaumenfülle und gutem Reifepotenzial. Ein großer, klassischer Langsamentwickler, der sich dem Geduldigen in drei bis vier Jahren offenbaren wird. Langes, kräftiges Finale." (PEYREAU 1997). Oder der steirische Weinkritiker August F. Winkler: „Bei diesem Wein sitze ich an einem Bach und höre die Violinmusik von Santiago." Bei solchen Beschreibungen erübrigen sich weitere Einzelheiten für den Leser, um den Genuss beziehungsweise die Gefühle des Autors nachempfinden zu können.

Was aber hat Genuss mit Essig zu tun? Genuss ist ein ganz persönliches Erlebnis, deshalb empfehlen wir, einen rebsortenreinen Essig der Staatlichen Lehr- und Versuchsanstalt für Landwirtschaft und Weinbau Bad Kreuznach oder der Weinbauschule in Weinsberg, einen Trinkessig des Doktorenhofes in der Pfalz, einen Aperitif-Essig des Weinguts Bruker im württembergischen Großbottwar oder einen Fruchtessig der Essigmanufactur Weyers in Köln selbst zu verkosten. In Österreich bieten Gölles und Gegenbauer mit ihren Frucht- und Balsamessigen eine Produktpalette an, die vor Jahren noch undenkbar gewesen wäre. Es sind mittlerweile Essige entstanden, die zu Genuss und Gebrauch anregen und eine Vielzahl von Verwendungsmöglichkeiten erschließen, die bis hin zu Pralineefüllungen und Essiggelees reicht.

Essig wird überwiegend als Gewürz zur Bereitung von Speisen und als Konservierungsmittel eingesetzt. In der Küche kennt man Essig hauptsächlich als Salatwürze. Ein knackiger Salat mit ausgewählten Zutaten und einem leckeren Dressing gehört heute zu einer gesunden Ernährung. Die klassische Salatsoße, die Vinaigrette, ist einfach und schnell zuzubereiten. Sie enthält in der Regel auf drei Teile Öl einen Teil Essig; dieses Mengenverhältnis sowie die Art des Essigs und des Öls können beliebig variieren. Frische Kräuter wie Petersilie, Schnittlauch, Borretsch, Thymian, Oregano, Estragon oder Rosmarin und – sehr wichtig – etwas Senf und eine Prise Zucker runden den Geschmack ab.

Fruchtessige eignen sich hervorragend als Füllung von Trüffeln oder Pralinen. Die charakteristischen Aromen in Verbindung mit feiner Säure harmonisieren mit Zucker und Schokolade.

Zwiebeln, Schalotten, Knoblauch, Chili, Meerrettich sowie Nüsse, Honig, Sprossen, Jogurt oder Croutons können eine Basis-Vinaigrette zusätzlich bereichern.

Der Abdruck eines Teils der nachfolgenden Rezepte erfolgt mit freundlicher Genehmigung von Frau A. Krebs und Frau E. Langhans von der Staatlichen Lehr- und Versuchsanstalt Bad Kreuznach-Simmern. Dort kann eine Broschüre mit weiteren Essigrezepten angefordert werden (Anschrift siehe Seite 118).

Salatsoßen, Marinaden, Cremes

Ein erfrischendes Frühstück mit Himbeeressig

3 EL kernige Haferflocken, 1 EL Weizenkleie, 1 EL Leinsamen, 5 g Himbeeren, 7 EL Jogurt, 1–2 TL Himbeeressig, 1 TL Honig

Haferflocken mit etwas Wasser 5 Minuten quellen lassen. Mit Weizenkleie und Leinsamen verrühren, Himbeeren hinzufügen. Jogurt, Himbeeressig und Honig verquirlen und zugeben.

Kräuter-Vinaigrette

2 EL Weißweinessig, 6 EL Öl, 1 TL Senf, Zucker, Salz, frisch gemahlener Pfeffer, Kräuter nach Geschmack

Essig mit Salz, Pfeffer, einer Prise Zucker und Senf in einer Schüssel verquirlen. Unter ständigem Rühren das Öl langsam zugeben. Anschließend die Kräuter oder andere Zutaten darunter mischen.

Radieschen-Vinaigrette mit Kernen

1 EL Sonnenblumenkerne, 1 EL Kürbiskerne, 1/2 Bund Radieschen, 3 EL Weißwein- oder Apfelessig, 9 EL Sonnenblumenöl, Salz, frisch gemahlener Pfeffer, Zucker

Die Kerne hacken und in der Pfanne einige Minuten rösten. Radieschen waschen, raspeln und mit Essig sowie einer Prise Salz, Pfeffer und Zucker mischen. Das Öl gründlich unterschlagen und alles mit den gerösteten Kernen mischen.

Tipp:
Mit Essig zubereitet wird Fleisch besonders zart und schmackhaft. Am bekanntesten ist der Rheinische Sauerbraten, der durch 2- bis 3-tägiges Einlegen in eine Wein-/Essigbeize seinen würzigen, pikanten Geschmack bekommt. Braten und Wild werden zum Genuss, wenn das Fleisch einige Stunden in einer Marinade aus einer halben Tasse Obst- oder Weinessig und einer Tasse Fleischbrühe, eventuell mit einigen Spritzern Cognac, Calvados, Sherry oder gutem Weinbrand verfeinert, zieht. Es wird dann zart und aromatisch. Geflügel und Kalbfleisch sind zu empfindlich für eine längere Beize. Wenn man das Fleisch vor der Zubereitung nur kurz in verdünnten Essig taucht, zergeht es beim Essen auf der Zunge. Der Rinderbraten wird ein Meisterwerk, wenn man etwas Wein- oder Obstessig in den Bratenfond gibt. Für eine Überraschung auf der nächsten Grillparty sorgen Steaks, die man zwei Stunden vor dem Grillen mit Essig und Öl übergießt und ziehen lässt.

Viele Zutaten braucht es nicht für eine Vinaigrette.

Rote-Bete-Meerrettich-Creme

250 g frische Rote Bete, 250 g frischer Meerrettich, 2 EL Zucker, 1/8 l Weißweinessig

Rote Bete waschen und unzerkleinert bei mittlerer Temperatur etwa 40 Minuten zugedeckt weichkochen, kalt abschrecken. Meerrettich und Rote Bete schälen, würfeln und im Mixer zerkleinern. (Achtung: Nicht direkt in den Mixer schauen, denn die Meerrettichdämpfe brennen in den Augen!) Zucker und Essig hinzufügen, nochmals kräftig mixen und in sterilisierte Gläser füllen. Ergibt etwa 4 Gläser à 150 ml. Im Kühlschrank etwa 6 Monate haltbar

93

Grillmarinade

1 Zwiebel, 1 Knoblauchzehe, 1/4 l trockener Weißwein, 1/4 l Weißwein- oder Apfelessig, 1/4 l Wasser, 1 EL Pfefferkörner, 3 Nelken, 1 Lorbeerblatt, 2 EL frischer Thymian, Muskat, Salz

Zwiebel in dünne Scheiben schneiden, Knoblauchzehe zerdrücken. Mit Weißwein, Essig, Wasser, Pfefferkörnern, Nelken, Lorbeerblatt, Thymian und einer Prise Salz und Muskat kurz aufkochen. Abkühlen lassen und Fleisch einlegen.

Herzhaftes

Die folgenden Rezepte sind jeweils für vier Personen berechnet.

Sauerbratengulasch

2 Zwiebeln, 4 Nelken, 3 EL Butterschmalz, 1/4 l Spätburgunder-Weinessig oder Bieressig, 1/4 l trockener Rotwein oder Wasser, 2 Lor-

beerblätter, 4 Wacholderbeeren, frisch gemahlener Pfeffer, 1 TL Instant-Gemüsebrühepulver, 500 g Rindergulasch, 2–3 EL Mehl, 150 g Creme fraîche

1 Zwiebel mit den Nelken spicken und in 1 EL Butterschmalz kurz anbraten. Essig, Wein beziehungsweise Wasser, Lorbeerblätter, Wacholderbeeren, Pfeffer und Gemüsebrühe dazugeben und erhitzen. Rindergulasch in die noch warme Marinade geben und einen Tag kühl stellen. Am nächsten Tag Gulasch ohne Marinade in 2 EL Butterschmalz anbraten. 1 gewürfelte Zwiebel mitdünsten. Mit der abgesiebten Marinade ablöschen, Gulasch 1 Stunde schmoren lassen. Mit Mehl binden und mit Creme fraîche verfeinern. Dazu passen Spätzle oder Kartoffelklöße.

Schweinenieren auf schwäbische Art

1 Zwiebel, 250 g Schweinenieren, 30 g Butter, 200 ml Bratensoße (Instant), 50–100 ml Essig, 1 Zwiebel, 2 Gewürzgurken, Salz, Pfeffer

Zwiebel in Ringe schneiden, in Butter rösten. Die Nieren wässern, in Scheiben schneiden, in der Pfanne in Butter etwa 5 Minuten anbraten. Mit der Bratensoße ablöschen, salzen, pfeffern. Essig nach Geschmack hinzugeben. Zwiebelringe zu den Nieren geben, mit der in Scheiben geschnittenen Gewürzgurke garnieren. Dazu passen Spätzle.

Saure Kartoffelrädle

1 kg Kartoffeln, 30 g Butterschmalz, 50 g Mehl, 1 EL klein gehackte Zwiebeln, 3/4 l Wasser, 3–5 EL Essig, 1 Nelke, 2 Lorbeerblätter

Kartoffeln schälen, nicht ganz gar kochen und in Scheiben schneiden. Inzwischen aus Schmalz, Mehl und Zwiebeln eine Einbrenne

kochen, mit Wasser und Essig nach Geschmack auffüllen und 25 Minuten auf mittlerer Flamme köcheln lassen. Lorbeerblätter und Nelken entfernen, die noch warmen Kartoffelscheiben dazugeben und etwa 3 Minuten kochen. Dazu passen Würstchen.

Meeräschen in Essig und Öl

4 Meeräschen, Olivenöl, Salz, 16 EL Rotweinessig, 8 EL trockenen Weißwein, Pfeffer

Meeräschen säubern und abtrocknen. In eine feuerfeste, leicht mit Olivenöl ausgestrichene Form geben und mit Salz und Olivenöl marinieren. Jeden Fisch mit 2 EL Rotweinessig übergießen und im vorgeheizten Backofen bei 160 °C 15 Minuten garen. Danach den restlichen Essig und den Weißwein zugeben und weitere 15 Minuten garen. Fisch herausneh-

Tipp:
Für die Zubereitung von Fisch ist ein feiner Essig unentbehrlich. Dies gilt nicht nur für eingelegten Hering. In ein Tuch eingewickelt, das vorher mit Essig getränkt wurde, bleibt jeder Fisch länger frisch und bekommt beim Braten, Kochen oder Backen einen köstlichen Geschmack. Vor dem Kochen sollte Fisch etwa 20 Minuten in mildes Essigwasser gelegt werden, so bleibt er appetitlich weiß. Ein Schuss Essig im Kochwasser sorgt dafür, dass der Fisch beim Servieren nicht zerfällt. Schon beim Säubern sollte der Fisch mit Essig eingerieben werden, das erleichtert die Arbeit und schützt die Hände vor Fischgeruch. Mit feinem Essig können auch schnelle kleine Gerichte zubereitet werden: Hierzu werden zum Beispiel Shrimps aus der Dose eine Viertelstunde in einen nicht zu süßen Sherry und 2 Esslöffel Essig eingelegt. Sie schmecken dann besonders frisch und aromatisch.

Raffiniert Eingelegtes und Mariniertes

In Essig eingelegte Lebensmittel können monatelang gelagert werden, deshalb sind hier ausnahmsweise größere Mengen angegeben. Die Personenzahl sowie die individuelle Haltbarkeitsdauer stehen immer bei den jeweiligen Rezepten dabei. Angebrochene Gläser müssen im Kühlschrank aufbewahrt werden. Entnahmen sollten immer mit frischem Besteck erfolgen, da an gebrauchtem oft Bakterien haften, die zu rascherem Verderb führen.

Marinierte Sardellen (Boquerones en vinagre – eine spanische Spezialität)

1 kg frische Sardellen, 1 Knolle Knoblauch, 200–300 ml Weißwein- oder Sherryessig, Salz, 1 Bund großblättrige Petersilie, 100 ml Olivenöl

Die Sardellen mit einem scharfen Küchenmesser am Bauch so aufschlitzen, dass die Gräte freiliegt, das Fleisch aber am Rücken noch zusammenhängt. Kopf, Gräte und Innereien entfernen, die Sardelle unter fließendem Wasser gründlich waschen. Den Fisch auseinanderklappen, auf Küchenkrepp auslegen, trocken tupfen. Die vorbereiteten Fische mit der Hautseite nach unten in eine flache Schale schichten. Kräftig salzen und mit Essig so begießen, dass die Fische vollständig bedeckt sind. Im Kühlschrank über Nacht marinieren. Das Sardellenfleisch muss hell sein. Essig gut abgießen, fein gehackten Knoblauch und klein geschnittene Petersilienblätter darüber geben. Mit Olivenöl beträufeln. Für etwa 8 Personen, etwa 1 Woche im Kühlschrank haltbar.

Tipp:
Besonders gesund ist Gemüse, das mit Essig zubereitet wird, weil er die Ballaststoffe aktiviert und die Verdauung unterstützt. So werden auch Linseneintopf und Bohnengerichte mit einem Schuss Essig nicht nur schmackhafter, sondern auch bekömmlicher. Überbackener Blumenkohl behält seine frische weiße Farbe, wenn dem Kochwasser etwas Essig zugegeben wird. Auch Rotkohl und Schwarzwurzeln verleiht ein kleiner Spritzer Essig eine appetitliche und frische Farbe. Sellerie, geschälte Kartoffeln und Champignons werden nicht so rasch braun, wenn sie in Essigwasser eingelegt werden. Wird Spargel nicht sofort zubereitet, sollte man ihn in ein mit Essigwasser getränktes Tuch einwickeln und kühl aufbewahren. Im Kühlschrank bleibt er auf diese Weise ohne Geschmackseinbußen einige Tage frisch.

men. Fond über den Fischen verteilen, leicht pfeffern. Dazu passt Reis.

Zucchinigemüse à la Provence

600 g kleine Zucchini, 400 g Tomaten, 1–2 Knoblauchzehen, 1–2 frische Pepperoni, 2 EL Butterschmalz, 2 EL Zitronenessig, 1 TL Ingwerpulver, 3 TL Kräuter der Provence, 150 g Creme fraîche, Salz, Pfeffer

Zucchini in Scheiben schneiden. Tomaten überbrühen, häuten und in Würfel schneiden. Knoblauchzehen zerdrücken, Pepperoni in etwa 2 cm lange Streifen schneiden. Zucchini und Knoblauch in Butterschmalz andünsten, Tomaten und Pfefferschote dazugeben und mit Essig, Ingwer und Kräutern 5 Minuten bei mittlerer Hitze köcheln lassen. Creme fraîche unter das Gemüse geben und mit Pfeffer und Salz abschmecken.

Thunfisch im Essigsud

1/4 l Weißweinessig, 1/2 Zimtstange, 1/2 TL Pfefferkörner (weiß), 1/2 TL Nelken, 1 kleine Chilischote, 1 EL Zucker, 500 g frischer Thunfisch ohne Haut und Gräte, 4 EL Sonnenblumenöl, Salz

Essig mit 1/8 l Wasser, den Gewürzen, Zucker und Salz aufkochen und 15 Minuten auf mittlerer Flamme köcheln lassen. Thunfisch in grobe Würfel (1 × 1 cm) schneiden und in dem sehr heißen Öl in einer Pfanne etwa 2 Minuten anbraten. Aus der Pfanne nehmen, vorsichtig in den Essigsud legen und das Ganze einmal kurz aufkochen. Den Topf vom Herd nehmen, der Fisch sollte noch 10 Minuten im Sud ziehen, bevor die Mischung in sterilisierte Gläser gefüllt wird. Gut verschlossen im Kühlschrank aufbewahren. Ergibt 3–4 Gläser à 200 ml, Haltbarkeit etwa 4 Wochen.

Ingwerzwiebeln

50 g Salz, 1 kg kleine Zwiebeln, etwa 50 g frischer Ingwer, 1 TL Gewürznelken, 1 TL Pfefferkörner (weiß), 600 ml Apfelessig

Salz in 1 l kaltem Wasser auflösen. Die geschälten Zwiebeln hineinlegen, 24 Stunden ziehen lassen, dabei ab und zu umrühren. Am darauf folgenden Tag den Ingwer schälen, waschen und in Scheiben schneiden. Die Salzlake abgießen, Zwiebeln abspülen und zusammen mit dem Ingwer und den Gewürzen in sterilisierte Gläser füllen. Essig unter Zugabe von 1/4 l Wasser aufkochen, über die Zwiebeln gießen. Gläser verschließen und 3 bis 4 Wochen durchziehen lassen. Ergibt etwa 4 Gläser à 450 ml, Haltbarkeit 8 bis 12 Monate.

Champignons in Balsamico

1,5 kg Champignons, 6 Knoblauchzehen, 6 Zweige frischer Rosmarin, 1 Bund Basilikum, 150 ml Balsamico, 1 1/2 TL Salz, 6 EL Olivenöl, 3 getrocknete Chilischoten

An den Pilzen die Stielenden abschneiden, sie jedoch nicht waschen (sonst laufen sie an), sondern mit Küchenkrepp sauber abreiben. Die geschälten Knoblauchzehen und die gewaschenen Kräuter als ganze Zweige zusammen mit dem Balsamico, etwa 1/2 l Wasser, Salz und Olivenöl zum Kochen bringen, Pilze dazugeben und 3 Minuten kochen lassen, dabei gut umrühren. Mit einem Schaumlöffel die Pilze und die Kräuter herausnehmen, in sterilisierte Gläser füllen, die Chilischoten hinzufügen. Den Sud nochmals aufkochen, in die Gläser gießen und gut verschließen. Noch 3 Tage durchziehen lassen. Ergibt etwa 3 Gläser à 750 ml und hält sich 4 Wochen.

Honiglauch

3 kg mitteldicke Lauchstangen, 200 g Honig, 600 ml Apfelessig, 9 Wacholderbeeren, 1 1/2 TL Salz

Lauch putzen (dabei nur das dunkle Grün entfernen), in 2 cm lange Stücke schneiden und in eine Glas- oder Porzellanschüssel schichten. Honig zusammen mit Essig, 1/4 l Wasser, Gewürzen und Salz aufkochen. Über den Lauch gießen, gut mischen und über Nacht ziehen lassen. Am darauf folgenden Tag den Lauch in der Marinade etwa 5 Minuten kochen. In sterilisierte Gläser füllen und sofort verschließen. 2 Wochen durchziehen lassen. Ergibt etwa 3 Gläser à 750 ml und hält sich 6 Monate.

Chutneys und Relishes

Die angegebenen Mengen beziehen sich auf 3–4 Gläser à 250 ml Inhalt. Chutneys halten sich ungefähr ein Jahr, Relishes 6 Monate. Da die Masse heiß eingefüllt wird, müssen die Gläser nicht sterilisiert werden. Sollte das Chutney einmal zu dünnflüssig sein, kann man es unter Zugabe von Zitronensäure in Pulverform nochmals aufkochen.

Holunder-Chutney aus Saft

300 ml Holundersaft oder -nektar, 200 ml Rotwein- oder Holunderessig, 2 Schalotten, 10 g frischer Ingwer, 3 Zweige Thymian, 250 g Gelierzucker Extra, 1/2 TL Salz, frisch gemahlener Pfeffer

Holundersaft beziehungsweise -nektar mit dem Essig, den sehr fein gehackten Schalotten und dem geschälten, fein geriebenen Ingwer zum Kochen bringen. Auf kleiner Flamme 15 Minuten köcheln lassen, bis die Schalotten weich sind. Thymian waschen, die Blättchen mit Salz und Pfeffer in den Sud geben. Gelierzucker hinzufügen und unter ständigem Rühren sprudelnd aufkochen. Das Chutney in saubere Gläser füllen und gut verschließen. (Den Gelierzucker nach Packungsbeilage verwenden; beim Gelierzucker Extra wird nur die Hälfte der üblichen Zuckermenge benötigt.)

Holunder-Chutney aus Beeren

500 g Holunderbeeren, 5 Schalotten, 50 g frischer Ingwer, 300 ml Weißweinessig, 250 g Gelierzucker Extra, Salz, Pfeffer. Nach Wahl: 2 TL Fenchelsamen, 3 Zimtstangen, 6 Zweige Zitronenthymian, 1 TL Nelken

Holunderbeeren von den Stielen befreien und gründlich waschen. Schalotten und Ingwer schälen, im Mixer zerkleinern. Die Holunderbeeren zusammen mit Ingwer, Zwiebeln und Essig 15 Minuten kochen lassen. Gelierzucker sowie eine der Zutaten nach Wahl dazugeben und unter ständigem Rühren sprudelnd aufkochen. Das Chutney in saubere Gläser füllen und gut verschließen. (Den Gelierzucker nach Packungsbeilage verwenden; beim Gelierzucker Extra wird nur die Hälfte der üblichen Zuckermenge benötigt.)

Paprika-Tomaten-Chutney

1 grüne und 1 rote Paprika, 500 g Tomaten, 250 g Zwiebeln, 6 EL Spätburgunder-Weinessig, 200 g brauner Kandiszucker, 1 TL Senfkörner, 1 TL Paprikapulver (edelsüß), 1 Prise gemahlene Nelken, Salz, Pfeffer

Paprika putzen und würfeln. Tomaten mit kochendem Wasser überbrühen, häuten und grob würfeln. Zwiebel ebenfalls würfeln. Gemüse zusammen mit dem Essig, dem Kandiszucker und den Gewürzen auf mittlerer Flamme 30 Minuten köcheln lassen, gelegentlich die Masse umrühren. Zum Schluss mit Salz und Pfeffer abschmecken. In saubere Gläser füllen, gut verschließen und für 5 Minuten auf den Kopf stellen.

Kürbis-Chutney

1 Kürbis (etwa 1,5 kg, geputzt etwa 750 g), 100 g getrocknete Aprikosen, 150 g Lauch, 350 g Tomaten, 1 frische grüne Chilischote, 100 g brauner Zucker, 150 ml Weißweinessig

Kürbis schälen, faseriges Fleisch und Kerne entfernen, klein würfeln, Aprikosen ebenfalls würfeln. Lauch putzen, in feine Ringe schneiden. Tomaten mit kochendem Wasser überbrühen, kalt abschrecken, häuten und würfeln. Bei der Chilischote Stiel und Kerne entfernen, sehr fein schneiden (Achtung: Augenkontakt unbedingt meiden, eventuell mit Handschuhen arbeiten!). Alles zusammen mit dem Zucker und dem Essig erhitzen und auf kleiner Flamme etwa 1 Stunde garen. Das Chutney muss dickflüssig sein. Mit Salz und etwas Essig abschmecken, in saubere Gläser füllen und sofort verschließen.

Birnen-Zwiebel-Relish

1 kg Birnen, 300 g Schalotten, 400 ml Weißweinessig, 300 g Zucker, 2 TL Kardamomschoten, 2 TL grüne getrocknete Pfefferkörner, 100 g Rosinen, 1 TL Salz

Birnen waschen, schälen, das Kerngehäuse entfernen, Birnen in kleine Stücke schneiden. Schalotten hacken. Zusammen mit Essig, Zucker, den im Mörser zerstoßenen Kardamomschoten und Pfefferkörnern sowie Rosinen und Salz auf mittlerer Flamme 30 Minuten köcheln lassen, bis die Birnen und Zwiebeln weich, aber noch nicht zerfallen sind. Das Relish in saubere Gläser füllen, gut verschließen und für 5 Minuten auf den Kopf stellen.

Gurken-Relish

1 große Salatgurke, 300 g rote Zwiebeln, 200 g brauner Zucker, 1/4 l Weißweinessig, 1 TL Dillsamen, 1/2 EL grüner Pfeffer, 2 EL Senfkörner

Die geschälte Gurke der Länge nach halbieren, die Kerne entfernen, Gurke sehr fein würfeln. Zwiebeln schälen und fein hacken. Gurke, Zwiebeln, Zucker, Essig mit Salz und Gewürzen aufkochen und zugedeckt bei mittlerer Flamme etwa 1 Stunde köcheln lassen, bis die Masse dickflüssig ist. Mit Salz und Essig abschmecken, in saubere Gläser füllen und sofort verschließen.

Erfrischende Getränke

In den letzten Jahren wurde Essig, vor allem Apfelessig, als Getränk wieder entdeckt. Nicht nur unter gesundheitlichen Aspekten sondern auch als erfrischendes Sommergetränk ist Essig ein wohlschmeckender Genuss für die heißen Tage.

Traubensaft-Essig-Drink

1/2 l Traubensaft, 1/2 l Mineralwasser, 8–10 EL Wein- oder Fruchtessig

Traubensaft, Mineralwasser und Wein- oder Fruchtessig mischen und kaltstellen. Aus derselben Mischung lassen sich auch Eiswürfel herstellen.

Zitronenlimonade

2 unbehandelte Zitronen, 1/2 l Weißweinessig, 5 l Mineralwasser oder Wasser, 25 g Weinsäure, etwas Hopfen (Apotheke), 500 g Zucker, 50 g brauner Kandiszucker

Die unbehandelten Zitronen schälen, in Scheiben schneiden. Schale und das Fruchtfleisch zusammen mit Weißweinessig, Mineralwasser oder Wasser, Weinsäure, etwas Hopfen, Zucker und braunem Kandiszucker in einem Steintopf oder verschließbaren

Die fruchtig-frischen Komponenten der Wein- und Beerenessige nutzt man auch zur Herstellung von Süßspeisen oder Pralinenfüllungen. Durch den Säureanteil erhält man ein wesentlich harmonischeres Zucker-Säure-Verhältnis als bei der Verwendung von Säften, ohne auf den Fruchtcharakter verzichten zu müssen.

Gefäß 5 Tage stehen lassen. Danach absieben und in Flaschen füllen. Vor dem Servieren eventuell mit Wasser im Verhältnis 1:1 mischen.

Köstliche Nachspeisen

Rhabarberkaltschale mit Vanilleeis

500 g Rhabarber, 3/4 l Wasser, 100 g Zucker, 1 EL Zitronen- oder Apfelessig, 25 g Speisestärke, 1 Paket Vanilleeis, 1/2 TL Zimt, 1 Päckchen Vanillezucker

Rhabarber putzen und in 2 cm große Stücke schneiden. Wasser und Zucker und Essig zum Kochen bringen, Rhabarber zugeben, 3 Minuten aufkochen. Speisestärke mit etwas Wasser anrühren, in die kochende Masse einrühren, abkühlen lassen und anschließend in den Kühlschrank stellen. Je 1 große Kugel Vanilleeis auf Dessertschalen verteilen, mit Rhabarber rundherum garnieren, mit Zimt und Vanillezucker überstreuen und sofort servieren.

Tiramisu ohne Ei

1 Paket Löffelbiskuits, 1/2–1 Tasse Espresso oder starken Kaffee, 1–2 EL Kakao. Für die Creme: 125 g Mascarpone, 250 g saure Sahne, 250 g Sahnequark, 1 TL Rum, 2 EL Zucker, 1 EL Zitronen- oder Metessig, 100 g Schlagsahne

Für die Creme alle Zutaten bis auf die Schlagsahne verrühren. Die Sahne schlagen und unter die Creme heben. Eine Lage Löffelbiskuits in eine Schüssel oder Auflaufform geben, mit einem Teil des Espressos beziehungsweise Kaffees tränken. Darüber eine

Schicht Creme verteilen. Eventuell eine zweite Lage Löffelbiskuits auslegen, diese mit dem restlichen Kaffee tränken und darüber wieder Creme verteilen. Das Tiramisu mit Kakao bestäuben und vor dem Verzehr mindestens 2 Stunden durchziehen lassen.

Eingemachtes in Essig und Zucker

Und hier noch einige Rezepte aus dem Kochbuch von Mutter Frieda Graf (nach LÖFFLER 1927).

Bohnen

Kleine zarte Bohnen ohne Kerne werden in kochendem Wasser halbweich gekocht, in kaltem Wasser abgekühlt und auf einem Seiher abgetropft. Auf 1 Pfund Bohnen wird ein Viertelliter Obstessig mit einem halben Pfund Zucker, etwas Zimt und 4 Nelken gekocht und über die Bohnen geschüttet. Den anderen Tag kocht man sie 5 Minuten, füllt sie in Gläser und bindet sie erkaltet fest zu.

Johannisbeeren

Zu einem Pfund abgezupften Johannisbeeren kocht man 300 Gramm Zucker mit einem Achtelliter Obstessig zu einem dicken Sirup, nimmt die Beeren dazu, lässt sie gut durchkochen, füllt sie halb erkaltet in Gläser und verwahrt sie.

Kirschen

Schöne reife Kirschen werden gewaschen, der Stiel zur Hälfte abgeschnitten und die Kirschen in Gläser oder steinerne Töpfe eingefüllt. Dazwischen gibt man einige Nelken und etwas ganzen Zimt. Nun gibt man Zucker und Weißweinessig daran (1 Pfund Zucker auf 1 Liter Essig gerechnet); er muss die Kirschen ganz überdecken. Das Gemisch lässt man über Nacht stehen. Den folgenden Tag gießt man den Essig ab, kocht ihn unter Abschäumen etwas ein, gibt ihn nach einigem Abkühlen an die Kirschen und lässt sie über Nacht stehen. Dieses wird noch zweimal wiederholt. Nach Erkalten werden die Kirschen mit einem Leinenlappen überdeckt, mit Hölzchen kreuzweise überspannt, mit Pergamentpapier zugebunden und an kühlem, trockenem Ort aufbewahrt.

Zwetschgen

Reife, noch feste Zwetschgen werden mit den Stielen in Gläser oder Töpfe eingefüllt. Die übrige Zubereitung ist wie bei den Kirschen.

Melonen

Nicht zu große und nicht zu reife Melonen werden geschält und, wenn die Kerne und das Mark herausgenommen sind, in gleichmäßige Stücke geschnitten. Man gießt so viel mit etwas Wasser verdünnten Weinessig daran, bis die Melonen knapp davon bedeckt sind, und stellt sie zugedeckt einen Tag an einen kühlen Ort. Dann wird der Essig abgegossen und mit einem halben Pfund Zucker, auf 1 Pfund Melonen gerechnet, aufgekocht. Nachdem er abgeschäumt ist, werden eine Stange Zimt und Nelken dazugegeben und die Melonen darin halbweich gekocht. Am nächsten Tag wird der Saft wieder abgegossen und, wenn er kocht, werden die Melonen darin fertig gekocht, nach Erkalten in Töpfe gelegt, mit dem Saft begossen und gut zugebunden.

Grüne Tomaten

Unreife, ganz grüne Tomaten werden in nicht zu dünne Scheiben geschnitten, dann kocht man ein Dreiviertelpfund Zucker mit einem Viertelliter schwachen Rotweinessig zu jedem Pfund Früchte, gibt einige Nelken, eine Stange Zimt dazu und gießt die Zuckerlösung lauwarm über die Tomatenrädchen. Am andern Tag schüttet man den Saft ab, kocht ihn auf und gibt ihn heiß an die Früchte. Am dritten Tag wiederholt man das Einkochen des Saftes, dann kocht man die Tomaten halbweich, nimmt sie heraus und dickt den Saft vollends ein. Wegen des hohen Wassergehalts der Früchte werden die Stückchen zuletzt recht klein. Sie werden in Gläser gefüllt und gut zugebunden.

Eingemachtes in Essig und Salz

Dazu Frieda Graf: „Zu Essig-Eingemachtem ist es ratsam, den besten (nicht den billigsten) echten Weinessig zu nehmen; soll jedoch etwas nur auf die Dauer einer Woche eingemacht werden, so genügt auch geringerer. Je länger etwas halten soll, desto besser müssen die Sorten, und desto pünktlicher muss man in der Arbeit sein und genau nach der Vorschrift zu Werke gehen. Wird das Eingemachte durch Auflegen einer kleinen, sehr reinen Schieferplatte unterhalb der Essigoberfläche gehalten, so ist es viel haltbarer. Auch bei diesen Einmacharten muss die alte Regel in Erinnerung gebracht werden, dass man bald und öfters nachsieht; bemerkt man an Essig-Eingemachtem eine ungünstige Veränderung, so gießt man den Essig ab, legt die Früchte auf reine Platten oder Bretter, reinigt sie, falls nämlich ein Schleim sich angesetzt hätte, mit trockener Leinwand, trocknet das

Sauerkonserven mit Gemüse lassen sich besonders attraktiv präsentieren.

Gefäß aus, legt die Früchte wieder ein und begießt sie mit frischem Essig. Salz-Eingemachtes kann ebenfalls mit einem trockenen leinenen Tuche gereinigt und mit einer neuen Salzlake versehen werden."

Blau- oder Rotkraut

Das Blaukraut, auch Rotkraut genannt, wird fein eingeschnitten, mit Salz vermengt, in ein Glas oder einen Steinguttopf eingefüllt und mit abgekochtem, abgekühltem Weinessig ganz überdeckt und wie bei den Kirschen zugebunden und aufbewahrt.

Champignons

Die kleinen, fest geschlossenen Champignons werden geputzt, die Stiele abgeschnitten, dann mehrmals gewaschen. Sie werden in stark gesalzenem Wasser ein paarmal aufgekocht und zum Abtrocknen auf ein Tuch und dann in Gläser gelegt, mit ganzem, weißem Pfeffer, einigen Lorbeer- und Estragonblättern nebst etwas Muskatblüte belegt, mit aufgekochtem und wieder erkaltetem Weinessig begossen, fingerhoch mit Öl bedeckt, dann zugebunden und an einem kühlen Ort aufbewahrt.

Gurken

Zu diesen verwendet man ganz kleine Gurken. Diese werden gewaschen, entstielt, eingesalzen und über Nacht stehen gelassen. Dann werden sie wieder gewaschen, gut abgetrocknet und in steinerne Töpfe gelegt. Nun wird so viel Weinessig als nötig ist mit etwas Wasser, Meerrettich, Knoblauch, Schalotten, Fenchel, Gurkenkraut tüchtig gekocht, durchgeseiht, heiß über die Gurken gegeben und über Nacht kalt gestellt; man kocht sodann den Essig nochmals ab, gibt ihn halbwarm an die Gurken und lässt über Nacht stehen. Dieses wiederholt sich noch einmal. Der Essig muss die Gurken stark überdecken. Nach Erkalten gibt man auf die Gurken ein mit Senfkörnern gefülltes Säckchen, bindet gut zu und bewahrt an kühlem Orte auf.

Perlzwiebeln

Die kleinen Perlzwiebeln werden in Salzwasser nicht ganz zum Kochen gebracht, bis sich die Haut leicht abschälen lässt. Dann werden sie mit kaltem Wasser übergossen und nach dem Ablaufen über Nacht beiseite gestellt. Den nächsten Tag kocht man sie in heißem Weinessig mit einigen Pfefferkörnern halbweich, legt sie in einen Topf, gibt etwas Estragon dazu, gibt den abgekühlten Essig darauf, belegt mit einem Tuch, beschwert mit Schiefer oder Holz und bindet fest zu.

Rote Rüben

Mittelgroße Rüben werden weichgekocht, abgeschält, in Scheiben geschnitten und in Gläser oder Steinguttöpfe gelegt. Dann wird halb Wasser, halb Weinessig gekocht, an die Rüben geschüttet, so dass sie überdeckt sind, mit einem Lappen bedeckt und mit Hölzchen kreuzweise beschwert. Vor dem Genuss werden sie mit Zucker und Zimt vermischt.

Essigglossar

Die hier vorgestellten Essigarten sind nur eine kleine Auswahl aller Variationsmöglichkeiten. Grundsätzlich kann man alle zuckerhaltigen Stoffe durch doppelte Vergärung (Zucker in Alkohol und dieser anschließend in Essig) in Essig umwandeln. Ebenfalls lässt sich aus allen alkoholischen Vorprodukten durch einfache Vergärung Essig gewinnen. Gute Weine, Champagner, Cognacs, Armagnacs oder Malt-Whiskys sind genauso als Rohstoff oder Zutat geeignet wie Gewürze, Früchte, Nüsse, Kräuter oder Wildkräuter. Weitere Möglichkeiten tun sich auf, wenn man die Heilkräuter mit einbezieht, die oft sehr charakteristisch duften und schmecken. Allerdings benötigt man, falls man diese Heilpflanzen selbst sammeln möchte, botanische Kenntnisse: So ist zum Beispiel Anis *(Pimpinella anisum)* oder Angelika (Engelwurz, Zahnwurz, *Angelica sylvestris* oder *A. archan-*

gelica) leicht mit dem giftigen Gefleckten Schierling *(Conium maculatum)* zu verwechseln. Besser ist es, sich diese Heilkräuter in der Apotheke zu besorgen. Es kommen in Betracht: Wurzeln und Blätter des Teufelsabbiss *(Succisa pratensis)*, der Saft und die zerquetschte Pflanze der Ackerdistel *(Cirsium arvense)*, die Wurzeln von Alant (Heilwurz, Helenenkraut, *Inula helenium*), die Blätter und Samen der Gemeinen Akelei *(Aquilegia vulgaris)*, Blätter der vor allem in Südeuropa heimischen Aloe *(Aloe vulgaris)*, Wurzeln, Blätter und Samen der bereits erwähnten Angelika mit moschusartigem Geruch, die stark aromatisch duftenden Blüten und Wurzeln der Arnika *(Arnica montana)*, das Kraut

Über Kräuter als Zusatz zu Essigen existieren viele alte Rezepturen. Damit lassen sich auch heute noch ansprechende Ergebnisse erzielen.

des Augentrost *(Ephrasia officinalis)*, die Wurzeln des Baldrian (Katzenkraut, Augenwurz, *Valeriana officinalis*) oder auch die Blätter und frischen Blüten des Beifuß (Johanniskraut, Gänsekraut, Wilder Wermut, *Artemisia vulgaris*) mit ihrem würzigen Duft.

Aceto balsamico, genauer **Aceto balsamico tradizionale di Modena** (abgekürzt: A.b.t.) ist eine der bekanntesten Essigspezialitäten, die auch als Balsamessig bezeichnet wird. Es handelt sich um eine traditionelle, regionale Art der Essigbereitung in den italienischen Regionen Modena und Reggio Emilia. Grundlegender Rohstoff dieses Prozesses ist die dort spät gelesene Rebenart *Trebbiano toscano*. Weitere gesetzlich zugelassene Rebsorten sind Occhio di gatto, Spergola, Berzemino und Lambrusco, die ebenfalls in diesen Regionen angebaut sein müssen. Aceto balsamico tradizionale war bis vor etwa 20 Jahren außerhalb Italiens weitgehend unbekannt und kam erst durch den zunehmenden Tourismus und intensivere Handelsbeziehungen zu seiner mittlerweile weltweiten Berühmtheit. A.b.t. ist in den Delikatessengeschäften der Schweiz, Österreichs oder Deutschlands eine absolute Rarität.

Ein original Tradizionale ist eine aus aufkonzentriertem Traubensaft entstehende Spezialität, die eine Reifung von mindestens

> Aceto balsamico tradizionale ist bereits seit dem 11. Jahrhundert bekannt. So soll Herzog Bonifacio di Canossa anlässlich der Kaiserkrönung von Heinrich III. im Jahre 1046 ein Fässchen des kostbaren und begehrten Essigs aus der Gegend von Modena überreicht haben. Sicher ist, dass A.b.t. schon um 1500 hergestellt wurde: Auf der landwirtschaftlichen Ausstellung des Jahres 1863 in Modena präsentierte die Erzeuger-Familie Carandini einen 360 Jahre alten A.b.t.!

zwölf, bei extra vecchio sogar 25 Jahren durchlaufen muss und deren Güte von einem strengen Hersteller-Konsortium geprüft und garantiert wird. Die Preise liegen im Bereich von 150 bis 200 DM und mehr pro 100-ml-Flakon. Dieser Balsamessig kann nicht selbst hergestellt werden.

Der Rohstoff ist wichtig. Wie bei allen Lebensmitteln herausragender Qualität sind für einen gelungenen Aceto balsamico tradizionale die Güte der Rohstoffe und die penible Einhaltung der Prozessbedingungen, in diesem Falle die Mostherstellung und -behandlung, Fermentation, Reifung und Lagerung in Fässern aus verschiedenen Hölzern für mindestens zwölf Jahre Grundvoraussetzung.

Das Traubengut wird wie bei der Weinherstellung gekeltert, wobei der Saft unter keinen Umständen in eine alkoholische Vergärung übergehen darf. Der frisch gepresste Saft wird entweder zum Absetzen pektinhaltiger Trubstoffe und Pflanzenschleime einige Stunden stehen gelassen und dann dekantiert oder durch Tücher filtriert, oder man filtriert gleich und lagert den so gewonnenen Klarsaft in peinlich sauberen Edelstahlbehältern, früher in kupfernen Behältnissen. Damit die hier ebenfalls unerwünschte alkoholische Gärung unterbleibt, wird auf 80 °C erhitzt und der Saft mindestens zwölf Stunden bei dieser Temperatur eingedickt. Je nach individueller Rezeptur des Herstellers und den Zuckergehalten des Traubenjahrgangs wird der Saft um 30 bis 50 %, in manchen Fällen sogar um 70 % des Ausgangsvolumens reduziert. Nach diesem Konzentrierungsschritt erfolgt erneut eine Filtration und die anschließende Abkühlung der sirupartigen Säfte sowie die vorsichtige, möglichst sterile Abfüllung in saubere Fässer, meist aus Eichen-, Kastanien- oder Maulbeerholz. Im Regelfall wird bei dieser ersten Befüllung der Fässer die Essigmutter mit eingetragen. Manche

Erzeuger füllen jedoch zunächst den eingedickten Saft in Glasballons mit einem Fassungsvermögen von 5 bis 50 Litern, verschließen diese absolut dicht, um etwaige Gärprozesse zu unterbinden, überführen die zuckerreichen Säfte nach einem halben Jahr in entsprechende Holzfässer und geben erst dann die Essigmutter zu.

Was lange währt. Es folgt die lange Lagerzeit des Erzeugnisses in gut belüfteten, den Außentemperaturen unterworfenen Bedingungen. Durch die jahreszeitlichen Schwankungen sind Temperaturwechsel von 40 bis 50 °C möglich, auch die variierenden Feuchtigkeitsgehalte der Luft haben Einfluss auf die Gärungsaktivitäten, die Reifung und Alterung des Produkts, auf die Aroma- und Geschmacksbildung.

Von größter Bedeutung für die Qualität des A.b.t. ist die Lagerung in Fässern aus unterschiedlichen Holzarten mit immer kleiner werdendem Fassungsvermögen. Meist wird in einem Eichen- oder Maulbeerholzfass mit einem Aufnahmevolumen von 60 beziehungsweise 100 Litern begonnen, die mit dem eingedickten Traubensaft und der Essigmutter beschickt werden. Anschließend erfolgen nach individuell festgelegten Lagerzeiten die Umfüllungen in ein Kastanienholzfass (50 beziehungsweise 70 Liter), dann in ein Kirschholzfass (40 oder 50 Liter), später in ein Eschenholzfass (30 Liter) und abschließend in ein Eichenholzfass (10 oder 20 Liter). Die jeweiligen Lagerzeiten und die Abfolge der Fässer ist von den Rezepturen der Hersteller abhängig. Die kräftige Braunfärbung eines A.b.t. kommt vor allem von der Lagerung in Eichenholzfässern, wie dies auch von der Cognac-, Armagnac- oder Weinbrandherstellung her bekannt ist.

Verluste durch Verdunstung werden durch Zugaben der jeweils verlorenen Menge mit dem um ein Jahr jüngeren Essig ausgeglichen.

Die Stunde der Wahrheit. Nach 12, 25 oder mehr Jahren kommt für die so aufwendig hergestellten Erzeugnisse die Stunde der Bewährung: die jährliche Qualitätsprüfung durch etwa 50 Probiermeister. Geprüft werden Farbe, Konsistenz, Geruch und Geschmack der anonymisierten Proben. Ein guter A.b.t. sollte eine kräftige rötlich bis braune, manchmal bis ins Schwarze spielende klare Farbe haben, dickflüssig bis sirupartig sein und im Geschmack und Geruch harmonisch, wuchtig und körperhaft auftreten. Erfolgreiche Produkte müssen gleich an Ort und Stelle in die vorgeschriebenen 100-ml-Flaschen abgefüllt und verschlossen werden. Die Qualitätsprüfung ist sehr streng: Meistens erreichen nur 30 bis 50 % der eingereichten Proben die Anerkennung.

Am angesehensten sind in Modena die Tradizionale von Nonantola und Spilamberto. Da diese nur in kleinen Partien vorhanden sind, finden sich im Anhang zwei Adressen, wo man Tradizionale in Deutschland erhalten kann.

Letzte Chance. Produkte, die bei der Prüfung die Anforderungen nicht erfüllen, dürfen nicht als Tradizionale verkauft werden. Es ist dem Produzenten aber erlaubt, das Erzeugnis nach weiterer Lagerung erneut zur Überprüfung einzureichen oder als Condimento (Würze) in den Handel zu bringen.

Aceto balsamico di Modena (abgekürzt A.b.M.) wird – teilweise zu horrenden Preisen – außerhalb Italiens angeboten. Bei den meisten Produkten, die nur in Bezug auf den Namen Ähnlichkeit mit dem Traditionale aufweisen, handelt es sich um ein mehr oder minder simples industrielles Erzeugnis, einen mit Zuckercouleur angefärbten aromatisierten Weinessig, der in ganz Italien hergestellt werden darf. Diese Erzeugnisse können, wenn sie wie oben beschrieben gelagert wur-

Aceto Balsamico di Modena – der Klassiker unter den Essigen. Allerdings ist er nur mit dem Zusatz „tradizionale" eine wirkliche Spezialität, die tropfenweise genossen wird.

Essig und seine Herstellung ansprechend auf Märkten angepriesen – ein Produkt, das reges Interesse weckt.

den, von ordentlicher Qualität sein. Sie erreichen jedoch nie das Original, da sie zum einen nicht aus konzentriertem Traubensaft, sondern aus Wein hergestellt werden und zum anderen die Lagerzeit lediglich zwischen drei bis sieben Jahren liegt. Sie sind erheblich dünnflüssiger und weisen geruchliche und geschmackliche Disharmonien auf.

Agavenessig wird aus Agumiel hergestellt, dem honigartigen Blutungssaft verschiedener Agavenarten, die vor allem in Mexiko zur Zuckersaftgewinnung angebaut werden. Nach Herausschneiden der Blütenstandsknospe sammelt sich in der entstandenen Aushöhlung der zuckerhaltige Saft, der dann über drei bis vier Monate hinweg täglich abgezogen wird. Der Saft kann auch frisch oder alkoholisch vergoren getrunken werden. Unterwirft man den vergorenen Saft einer essigsauren Vergärung, erhält man Agavenessig.

Ahornessig wird wie Agavenessig erzeugt, als zuckerhaltiger Ausgangsstoff dient der Blutungssaft des Zuckerahorns, der einen Zuckergehalt von etwa 3 % aufweist.

Ananasessig wird vorwiegend aus bei der Herstellung von Ananaskonserven anfallen-

den Reststoffen produziert, in seltenen Ausnahmen auch aus dem Saft und dem Fruchtfleisch nicht handelsfähiger Frischware. Ananasessig entsteht durch die alkoholische und daran anschließende essigsaure Vergärung. Da die Frischfrucht durchschnittlich etwas mehr als 13 % Zucker enthält, kann aus diesem pflanzlichen Rohstoff ein 7- bis 8 %iger Essig gewonnen werden.

Apfelessig ist ein aus Apfelwein beziehungsweise Most hergestellter fruchtig-pikanter Gärungsessig, der noch nahezu alle löslichen Inhaltsstoffe frischer Äpfel enthält. Es ist vor allem diese Essigart, der man in den letzten Jahren eine Vielzahl von positiven Eigenschaften nachsagte. Vor allem der Pektingehalt von Apfelessig oder auch naturtrübem Apfelsaft soll Einfluss auf den menschlichen Stoffwechsel haben. Der in Apfelessig oder trübem Apfelsaft vorliegende Pektingehalt in Höhe von maximal 1,6 % ist jedoch bei weitem nicht ausreichend für die behauptete günstige Wirkung. Ähnliche Vorbehalte gelten auch für mittlerweile auf den Markt gelangte Produkte wie Apfelessigtrunk oder Apfelessig-Kapseln.

Aspretto ist ein italienischer Obstessig und kann als „kleiner Bruder" des Aceto balsamico tradizionale gelten. Die Rohstoffe zur Herstellung sind allerdings nicht Weintrauben bezichungsweise Traubensäfte, sondern die Destillate alkoholisch vergorener Säfte von Johannisbeeren, Pfirsichen und Orangen. Ähnlich wie beim Tradizionale verläuft die essigsaure Vergärung extrem langsam. Um das Fruchtaroma möglichst vollständig zu erhalten, findet die Umwandlung zu Essig – wie übrigens auch die Reifung – in kleinen Fässern aus französischer Limousineiche in einer Höhe von etwa 1000 m über dem Meeresspiegel statt. Speziell für diesen Zweck wurden Keller in den Fels geschlagen, in denen die Temperaturunterschiede zwischen Sommer und Winter maximal 4 °C betragen. Bei diesem Aufwand versteht es sich von selbst, dass zur Herstellung eines Aspretto nur vollreifes, ausgewähltes und sortiertes Obst verwendet wird. Aspretti sind bis heute außerhalb Italiens weitgehend unbekannt.

Balsamessige lehnen sich in ihrer Produktion an das traditionelle Verfahren aus Modena an und werden aus den verschiedensten Rohstoffen hergestellt. Apfel-, Pflaume-, Pfirsich- oder Holunder-Balsamessige zeichnen sich so zum Beispiel durch konzentrierte Fruchtigkeit, lang anhaltende und pikante Süße und ein erstaunliches Volumen aus.

Basilikumessig ist ein Gewürzessig mit Blättern und Stengeln als Würzbeigabe.

Beifußessig ist ebenfalls ein Gewürzessig, zu dessen Herstellung die Blütenrispen in frischer oder getrockneter Form als Würzbeigabe dienen. Beifuß ist auch unter den Bezeichnungen Wilder Wermut oder Gänsekraut geläufig.

Berberitzenessig wird aus den Beeren der Berberitze (Sauerdornbeere, Essigbeere, Sandholzbeere) gewonnen. Die Berberitze wurde früher in Europa, Mittel- und Vorderasien kultiviert und ist als Zierpflanze auch heute noch weit verbreitet. Die frisch und angenehm schmeckenden Früchte sind gut geeignete Rohstoffe für die Most-, Gelee- und Marmeladenherstellung und werden auch zur Bereitung von Branntwein herangezogen.

Bieressig ähnelt dem Malzessig, der vorwiegend in Südafrika hergestellt wird. Bier wird essigsauer vergoren und liefert den entsprechenden Essig mit einem Säuregehalt von etwa 5 bis 6 %. Besonders interessante Aromen bieten Biere mit höheren Restzuckergehalten. Daraus kann ein fast balsamessigähnlicher Bieressig mit herausragender Aromadichte hergestellt werden. Bieressig ist wegen der starken Schaumbildung vor allem bei der Herstellung mit den kleinen automatischen Anlagen etwas problematischer. Die Anlagen dürfen nur zu maximal 50 % befüllt werden, da es sonst zum Überschäumen kommt.

Birnenessig wird wegen der Säurearmut des Rohstoffs nicht oder nur selten zubereitet. Werden Birnen oder Birnensäfte alkoholisch vergoren, geschieht dies in der Regel zur Gewinnung von Birnenbränden.

Cassisessig ist eine ausgesprochen selten hergestellte Essigart. Grundstoff für die Bereitung von Cassisessig sind schwarze Johannisbeeren. Zur Gewinnung von Cassisessig wird der aus der Rohfrucht erhaltene Saft wie üblich zuerst alkoholisch und dann essigsauer vergoren. Wegen der hervorragenden geschmacklichen Eigenschaften, dem relativ seltenen wirtschaftlichen Anbau schwarzer Johannisbeeren und dem hohem Arbeitsaufwand ist Cassisessig relativ teuer.

Dillessig ist ein handelsüblicher Gewürzessig, der mit frischem oder getrocknetem Kraut (Blattdill) oder Früchten (Körnerdill) aromatisiert ist. Andere Bezeichnungen für Dill sind Blähkraut oder Gurkenkümmel.

Estragonessig ist ebenfalls ein handelsüblicher Gewürzessig. Als Würzbeigabe dienen die frischen oder getrockneten Blätter und Zweigspitzen.

Feigenessig kann durch doppelte Vergärung des Saftes der Scheinfrucht des Feigenbaumes hergestellt werden. Da die reifen Feigen Zuckergehalte von mehr als 25 % aufweisen, kann man sehr konzentrierte Essige (12 bis 14 % Essigsäure) erhalten.

Haferschlehenessig ist ein Essig, der durch doppelte Vergärung gewonnen wird. Die Haferschlehe wird auch Kriecherl, Kriechenpflaume oder Wilddamson genannt. Sie wird wegen ihres wenig oder nicht steinlösenden Fruchtfleisches als Speiseobst nicht mehr angebaut, eignet sich aber als Brennobst, das einen Branntwein mit besonders feinem Aroma liefert. Dieser Branntwein kann zu Haferschlehenessig vergoren werden.

Hagebuttenessig wird aus den Früchten wild wachsender oder kultivierter Rosenarten hergestellt. Besonders gehaltvoll sind die Scheinfrüchte der in Laubwäldern, an Waldrändern oder in Hecken vorkommenden Hundsrose. Unterwirft man die aus Hagebutten gewonnenen Säfte einer doppelten Vergärung, erhält man Essige mit einem Säuregehalt von 11 bis 12 %. Hagebutten sind auch zur Rotfärbung von Essig gut geeignet. Eine Spezialität ist der Hagebuttensherry-Essig, der vor allem im schwäbischen Raum aus dem weiterverarbeiteten Wein der Hagebutte hergestellt wird.

Himbeeressig kann sowohl ein echter Gäressig sein, bei dem die gesamte Säure aus dem Alkohol der Früchte gewonnen wurde, oder aber ein Würz- oder Ansatzessig, dem durch Zugabe frischer, vollreifer Früchte zu einem Grundessig das typische feine Himbeeraroma vermittelt wird (z. B. Rot- oder Weißweinessig mit darin angesetzten Früchten). Eine weitere Möglichkeit zur Bereitung eines Himbeeransatzessigs ist der Zusatz von Himbeersirup zu einem Grundessig. Wegen der recht niedrigen Zuckergehalte von Himbeeren und, damit zusammenhängend, der daraus ebenfalls recht geringen zu erzielen-

den Alkoholausbeute, ist die Herstellungsmöglichkeit als Gäressig eher theoretischer Natur. In der Regel wird Himbeeressig daher als Ansatzessig durch Einlage frischer Beeren gewonnen. Es kann auch Weinessig mit käuflichem Himbeeraroma verfeinert werden.

Holunderessig kann wie Himbeeressig gewonnen werden, also durch doppelte Vergärung, durch Aromatisierung mittels zugesetzter Früchte beziehungsweise Blüten oder durch die Zugabe eines möglichst konzentrierten Holundersaftes zum Grundessig. Für den Hausgebrauch ist die Aromatisierung mit Blüten oder Früchten üblich. Ein mit Blüten angesetzter Grundessig wird zum leichten, duftigen Holunderessig; werden die Früchte verwendet, erhält das Endprodukt einen intensiveren Geschmack und Geruch sowie eine kräftige violette Färbung. Auch bei Holunderessig sollten die Zusätze nach einiger Zeit entfernt werden.

Johannisbeeressig siehe Cassisessig.

Kokosessig wird durch doppelte Vergärung entfetteter Kokosmilch in den Tropen und Subtropen hergestellt. Da der Zuckergehalt von Kokosmilch bei nur 4,2 % liegt, resultiert aus diesem Rohstoff ein recht schwacher Essig, der etwa 2 % Säure enthält.

Kresseessig ist ein handelsüblicher Gewürzessig, der durch Zusatz von verschiedenen Kressearten zu Grundessigen einen pfeffrigen Geschmack erhält. In Essig eingelegte Blütenknospen der Großen Kapuzinerkresse *(Tropaeolum majus)* werden als Deutsche Kapern (Kapernersatz) gehandelt. Echte Kapern sind dagegen die mit Essig, Salz oder Öl konservierten Blütenknospen des im Mittelmeerraum heimischen Echten Kapernstrauches.

Maulbeeressig wird aus den brombeerähnlichen Sammel- beziehungsweise Scheinfrüchten der alten Kulturpflanze hergestellt. Die Pflanze dient bereits seit 5000 Jahren in China als Futterpflanze für Seidenraupen und kam im 12. Jahrhundert nach Europa. Die

Scheinfrüchte, es handelt sich hierbei in Wirklichkeit um verdickte, fleischige Blütenblätter, schmecken süßlich und haben einen Zuckergehalt von etwas mehr als 10 %.

Meerrettichessig ist einer der gebräuchlichsten Gewürzessige. Zu seiner Herstellung werden fein zerkleinerte Wurzeln der Pflanze in einen Grundessig eingebracht und nach dem Übergang der charakteristisch scharfen Geschmacks- und Geruchsstoffe mittels Zentrifugation oder Filtration wieder entfernt. Da die Meerrettichwurzel einen Kohlenhydratgehalt von mehr als 13 % aufweist, wäre auch

eine doppelte Vergärung theoretisch vorstellbar. Allerdings würden in diesem Fall verschiedene Senföle, also die Geschmacks- und Aromaträger, sich verflüchtigen.

Met- oder Honigessige werden aus Honigwein (Met) hergestellt. Hier sind sortenreine Honige das Ausgangsprodukt für viele Spezialitäten wie zum Beispiel ein Essig aus Lindenblütenhonig mit dem charakteristischen Aroma der Lindenblüten beziehungsweise des Lindenblütenhonigs.

Molkeessig. Eingedickte Molke wird vergoren und der entstandene Alkohol danach zu

Essigsäure umgewandelt. Es entsteht ein recht milder, dem Sauerkrautgeschmack ähnlicher Essig mit Milch- und Essigsäure.

Rosinenessig ist vor allem in Mittelmeerländern, in denen verstärkt der Anbau von Tafeltrauben betrieben wird (Algerien, Griechenland, Marokko, Spanien, Türkei) weit verbreitet. Hierfür werden die Rosinen einige Tage in Wasser eingelegt (eingemaischt), anschließend erfolgt die alkoholische Vergärung des zuckerreichen Saftes, die in eine essigsaure Vergärung übergeht. Der daraus resultierende Essig hat ein fruchtig-weiniges, kräftiges, deutlich oxidiertes Aroma ähnlich Sherryessig.

Salbeiessig ist ein typischer Gewürzessig, bei dem die oberirdischen, vor der Blüte gesammelten Pflanzenteile zur Aromatisierung des Grundessigs dienen. Der charakteristische Geschmack und der besondere Geruch ist auf die hohen Gehalte an ätherischen Ölen der Pflanze zurückzuführen.

Sherryessig wird durch essigsaure Vergärung des in der spanischen Provinz Cádiz erzeugten Aperitifweines gewonnen. Guter Sherryessig ist ein rares und hochpreisiges Handelsgut.

Speierlingessig wurde in früheren Zeiten häufig in Mitteleuropa wegen des sehr sauren Geschmacks der Früchte hergestellt. Andere Benennungen des Speierlingbaumes sind Spierapfel, Schmeerbirne, Spierling, Sperberbaum oder Zahme Eberesche. Heute ist der Speierling vom Aussterben bedroht.

Thymianessig ist ein Gewürzessig. Zur Aromatisierung des Grundessigs werden die Blattspitzen oder auch ganze Blätter des Echten Thymians (Römischer Quendel, Spanischer Majoran, Kuttelkraut, Welscher Quendel) kurz vor oder während der Blüte geerntet und diesem zugesetzt. Wie lange man das pflanzliche Material in der Flüssigkeit lässt, ist vom persönlichen Geschmack abhängig. Es sollte nicht zu lange darin beiben, weil es mit der Zeit verblasst und unansehnlich wird.

Ume-Essig ist eine japanische Spezialität, zu deren Gewinnung in Meersalz eingelegte Aprikosen doppelt vergoren werden. Wie die aus den gleichen Rohmaterialien erzeugte Umeboshi-Paste wird dieser Spezialessig ausschließlich in der japanischen Küche als Würzmittel eingesetzt.

Veilchenessig hat neben dem für diese Frühjahrsblume typischen Aroma durch die Pflanzenfarbstoffe eine zartrosa bis violette Färbung. Sammelt man die Veilchen in der Natur, sollte man sehr genau darauf achten, ob Belastungen durch Pestizide oder andere giftige Stoffe vorliegen. Ähnliche Essige können natürlich auch mit anderen Blüten hergestellt werden, die Aromenträger sind und/oder Färbungen verursachen, zum Beispiel Rosen, Nelken oder Johanniskraut.

Verzeichnisse

Literatur

Allgemeine Literatur

AMBROSI, H.; DETTWEILER, E.; RÜHL, E. H.; SCHMID, J.; SCHUMANN, F.: Farbatlas Rebsorten. Verlag Eugen Ulmer, Stuttgart 1994

BARTELS, W.: Von der Frucht zum Destillat. Verlag Heller, Schwäbisch Hall 1998

BELITZ, H.-D.; GROSCH, W.: Lehrbuch der Lebensmittelchemie. Springer-Verlag, Berlin und Heidelberg 1992

BRUCHMANN, E.-E.: Angewandte Biochemie. Verlag Eugen Ulmer, Stuttgart 1976

GEORGE, H.: Likörbereitung. 8. Auflage, Verlag Eugen Ulmer, Stuttgart 1989

LÖFFLER, F. L.: Neues Stuttgarter Kochbuch. 37. Auflage. Verlag J. F. Steinkopf 1927

PEYREAU, A.: Les grands vins de Bordeaux. 3,14 (1997)

TANNER, H.; BRUNNER, H. R.: Obstbrennerei heute. 4. Auflage. Verlag Heller, Schwäbisch Hall 1995

TÄUFEL, A.; TERNES, W.; TUNGER, L.; ZOBEL, M.: Lebensmittel-Lexikon (2 Bände). Behr's Verlag, Hamburg 1993

Spezielle Literatur

ANGERSTEIN, J. H.: Die Essig-Hausapotheke. Weltbild Verlag, Augsburg 1997

ANONYM: Verordnung über den Verkehr mit Essig und Essigessenz. BGBl 1, S. 310 vom 29.1.1998, Bonn 1998

ANONYM: Lebensmittelkennzeichnungsverordnung. 72. Verordnung, BGBl vom 29. Jänner 1993, Wien 1993

ANONYM: Österreichisches Lebensmittelbuch. Codex Alimentarius Austriacus. Verlag Brüder Hollinek, Wien 1992

ANONYM: Ist Essig Heilkraft aus der Natur? DGE-aktuell 21/98, Deutsche Gesellschaft für Ernährung e.V., Frankfurt/Main 1998

Schweizer Lebensmittelbuch. Bundesdruckerei, Bern 1994

ASAI, T.: Acetic Acid Bacteria. University of Tokyo Press, Tokyo; University Park Press, Baltimore 1968

BOERHAVE, H.: Elementa Chemicae, Lugduni Batavorum. 2, 179–207, 1732

COHEE, R. F.; STEFFEN, G.: Food Eng. 31, 58–59, 1959

EBNER, H.: Apparatus for separating gas from foam. U. S. Patent 3 262 252, 1966

FISCHERAUER, A.: Essig selbst gemacht. Leopold Stocker Verlag, Graz und Stuttgart 1997

FRINGS, H.: Manufacture of vinegar. U. S. Patent 1 880 381, 1932

HAESELER, G.: „Vinegar". In: Ullmanns Encyclopädie der technischen Chemie, Band 6, Urban und Schwarzenberg, München und Berlin 1955

HANTEN, C.; HÄMMERLE, P.: Das saure Milieu. Verlag Holzhausen, Wien 2000

HAM, J.: British Patent 5012, 1824

HEISCH, A.: Essig und Öl. Gräfe und Unzer Verlag, München 1997

HELLMISS, M.: Das große Praxisbuch Apfelessig. Südwest-Verlag, München 1998

HELLMISS, M.: Apfelessig-Cocktails. Südwest-Verlag, München 1998

HROMATKA, O.; EBNER, H.: Untersuchungen über Essiggärung. I. Fesselgärung und Durchlüftungsverfahren. Enzymologia 13, 369–387, 1949

KOLB, E.; DEMUTH, G.; SCHURIG, U.; SENNE-WALD, K.: Fruchtweine. Produktion in Haushalt und Gewerbe. 8. Auflage. Verlag Eugen Ulmer, Stuttgart 1999

KÜTZING, F. T.: Journal Praktische Chemie 2, 385, 1837

LAVOISIER, A. L.: Traité elementaire de chimie. 2. Aufl. 1, 159 ff., 1793

LIEBIG, J.: Journal Praktische Chemie 35, 312, 1839

MUCHOW, H.: Der Essig als Mittel der Gesundheitspflege für Mensch und Tier. Verlag der Ärztlichen Rundschau Otto Gmelin, München 1929

OBERBEIL, K.: Essigküche. Südwest-Verlag, München 1998

PASTEUR, L.: C. R. Hebd. Seances Acad. Sci. 55, 28–32

PÜTZ, J.; NORTEN, E.; WERNER, K.: Essig und Öl. vgs Verlagsgesellschaft, Köln 1998

REBELEIN, H.: Vereinfachtes Verfahren zur Bestimmung des Glycerins und Butylenglykols in Wein. Z. Lebensmittel Unters. Forsch. 105, 296–311, 1957

REBELEIN, H.: Allg. Deutsche Weinfachtagung 20, 493 ff., 1971

REHM, H. J.: Industrielle Mikrobiologie. 2. Auflage. Springer, Heidelberg 1980

Verband der Deutschen Essigindustrie e.V.: Europäische Beurteilungsmerkmale für Essig (Code of Practice). Deutsche Lebensmittel Rundsch. 8, 251–253, 1992

VOGEL, W.: Wein aus eigenem Keller. 6. Auflage. Verlag Eugen Ulmer, Stuttgart 1998

WIEDEMANN, G. H.: Essig – Zeit für saure Sinnlichkeit. Falken-Verlag, Niederhausen 1998

WÜSTENFELD, H.: Lehrbuch der Essigfabrikation. Verlag Paul Parey, Berlin 1930

WÜSTENFELD, H., HAESELER, G: Trinkbranntweine und Liköre. 4. Auflage. Verlag Paul Parey, Berlin/Hamburg 1964

Wichtige Anschriften

Deutschland
Verband der Essig- und Senfindustrie e.V.
Reuterstraße 151
53111 Bonn

Staatliche Lehr- und Versuchsanstalt für Landwirtschaft, Weinbau und Gartenbau
Egbertstraße 18–19
54295 Trier

Staatliche Lehr- und Versuchsanstalt für Landwirtschaft und Weinbau
Bad Kreuznach-Simmern
Rüdesheimer Straße 60–68
55545 Bad Kreuznach

Staatliche Lehr- und Versuchsanstalt für Wein- und Obstbau
– Staatsweingut –
Traubenplatz 5
74189 Weinsberg

Bayerische Landesanstalt für Weinbau und Gartenbau
Abt. Kellereiwirtschaft
An der Steige 15
97209 Veitshöchheim

Österreich
Höhere Bundeslehranstalt und Bundesamt für Wein- und Obstbau
Wiener Straße 74
A–3400 Klosterneuburg

Arbeitsgemeinschaft der Gärungsessigerzeuger Österreichs
Zaunergasse 1–3
Postfach 144
A–1037 Wien

Schweiz
Station Federale de Recherches Agronomiques de Changins
Section Viticulture
Avenue de Rochettaz 21
CH–1009 Pully

Bezugsquellen

Gärungstechnik, analytische Geräte, Essigzubehör, Essigsäurebakterien

Deutschland
Paul Arauner GmbH + Co. KG
Postfach 3 49, Wörthstr. 34–36
97306 Kitzingen
(Vertrieb nur über Apotheken)
Tel.: (0 93 21) 1 35 00
Labor- und Kellerei-Bedarfsartikel, Kunststoffnetze, -säcke, Essigmutter, Essigsäurebakterien aus dem Oberflächenverfahren mit Belüftung

Karl Bockmeyer Kellereitechnik GmbH
Zementwerk 3
72622 Nürtingen
Tel.: (0 70 22) 93 34 30
Fax: (08 00) 3 11 66 99
E-Mail: info@bockmeyer.de
Internet: www.bockmeyer.de
Essig-Fermenter (Anlagen ab 20 l), Zubehör für die Essigbereitung, Flaschen, 24 Essige im 5-Liter-Kanister, Essigsäurebakterien

Braubedarf.de
Inge Storath
Hauptstraße 24
97640 Stockheim
Tel.: (01 75) 961 11 92
Fax: (0 97 76) 70 60 44
E-Mail: service@braubedarf.de
Internet: www.braubedarf.de
Essigzubehör, Essigsäurebakterien

116

IMI Cornelius GmbH
Carl-Leverkus-Str. 15
40764 Langenfeld
Tel.: (0 21 73) 7 93 0
Fax: (0 21 73) 7 74 38
Getränkeschankanlagen

EDOR – Emil Dornauer
Kellerei- und Brennereibedarf
Rosengasse 19a
97070 Würzburg
Tel.: (09 31) 5 16 30

Heinrich Frings GmbH & Co KG
Jonas-Cahn-Str. 9
53115 Bonn
Essig-Fermenter, Essig-Filtrationsanlagen

Gauch Ph. Jakob & Sohn
Mainzerstr. 29
55545 Bad Kreuznach
Tel.: (06 71) 88 90 66
Kellereibedarf, Flaschen

GIFA Getränke-Industrie-Fachbedarf
Schießstraße 33
83024 Rosenheim
Tel.: (0 80 31) 8 71 59
Fax: (0 80 32) 16 16
Brennerei- und Kellereibedarf

Otto Graf GmbH
Carl-Zeiss-Str. 2-6
D-79331 Teningen
Tel.: (0 76 41) 5 89-0
Fax: (0 76 41) 5 89-52
Kunststoffbehälter

Grossmann Kellereibedarf
Tannenburgerstraße 17-19
88048 Friedrichshafen-Unterraderach
Tel.: (0 75 41) 80 36-0
Fax: (0 75 41) 60 36-20
E-Mail: info@grossmann-fn.de
Internet: www.grossmann-fn.de

Leo Kübler GmbH
Stephanienstraße 42-44
76133 Karlsruhe
Tel.: (07 21) 2 24 91, Fax: (07 21) 2 79 03
E-Mail: info@leo-kuebler.de
Internet: www.leo_kuebler.de
Kellereiartikel, Alkoholometer,
Alkohol-Meß-Systeme

Eduard Kumpitsch
Spezialfilterbau
Teichstr. 2
74653 Ingelfingen-Criesbach
Tel.: (0 79 40) 5 54 67
Universalfilter, Kieselgurfilter

Rudolf v. Nordheim
Im Borner Grund 74
55127 Mainz
Tel.: (0 61 31) 3 49 67
Fax: (0 61 31) 36 98 37
Internet: www.R.-von-Nordheim.de
Labortechnik

neoLab, Migge Laborbedarf-Vertriebs GmbH
Rischerstr. 7
69123 Heidelberg
Tel.: (0 62 21) 84 42-0
Fax: (0 62 21) 84 42-33
Laborbedarf, Analysengeräte,
Thermofühler, Gefäße

Artur Porr GmbH
Bahnhofsstr. 33
55585 Oberhausen/Nahe
Tel.: (0 67 55) 9 46 40
Fachgroßhandel für Kellereibedarf,
Essigkanister (3-25 l)

Rekru
Betznauer Str. 28
88079 Kressbronn
Tel.: (0 75 43) 77 44, Fax: (0 75 43) 51 33
Brennerei-, Kellerei-, Mostereibedarf,
Flaschen

Sartorius AG
Weender Landstr. 94
37075 Göttingen
Tel.: (05 51) 3 08 0
Fax: (05 51) 3 08 36 81
Filter-Membrane, -Capsule, -Kerzen,
-Gehäuse, -Schichten

C. Schließmann GmbH & Co.KG,
Kellerei-Chemie
Auwiesenstr. 5, Postfach 10 05 64
74505 Schwäbisch Hall
Tel.: (07 91) 9 71 91–0
Kellerei- und Brennereitechnologie,
Getränkeanalytik, Beratung

Theo Schneider, Weinpumpen
Winzenheimerstr. 24
55559 Bretzenheim
Tel.: (06 71) 2 60 16
E-Mail: info@Theo-Schneider.com
Internet: www. Theo-Schneider.com
Pumpen

SeitzSchenk Filtersystems GmbH
Planiger Str. 137
55543 Bad Kreuznach
Tel.: (06 71) 88 22–0
Filter, Filterschichten

Staatliche Lehr- und Versuchsanstalt
für Landwirtschaft und Weinbau
Bad Kreuznach-Simmern
Anschrift siehe Essighersteller
Verkauf nur nach Anfrage, Selbstabholung,
kein Versand, Bakterien entstammen dem
Oberflächenverfahren

Wilhelm Stäudle GmbH & Co.
Postfach 11 60
74601 Öhringen
Tel.: (0 79 41) 6 95–0
Fax: (0 79 41) 6 95–341, –240
Selbstklebe-Etiketten

Vallendar Brennereitechnik
Hauptstraße 11
56829 Kail
Tel.: (0 26 72) 25 32
Fax (0 26 72) 75 03
E-Mail: info@vallendar.de
Internet: www.vallendar.de

117

Vierka Friedrich Sauer GmbH & Co.
Postfach 13 28
97628 Bad Königshofen
Tel.: (0 97 61) 9 18 80
Labor- und Kellereibedarfsartikel, Weinhefe-
zuchtanstalt GmbH & Co., Kunststoffsiebe,
-netze, Essigmutter, Essigsäurebakterien aus
dem Oberflächenverfahren

Volbers Kellereiartikel GmbH
Schwarzacherstraße Ost/Lochweg 21
97318 Kitzingen am Main
Tel (0 93 21) 3 67 67
Fax (0 93 21) 3 67 68

G. Wein GmbH & Co.
Meimsheimer Str. 10
74357 Bönnigheim
Tel.: (0 71 43) 88 56–0
Fax: (0 71 43) 2 52 49
Kellerei- und Brennereibedarf

Will Brennerei- und Kellereizubehör
Wengertweg 12
73635 Rudersberg-Schlechtbach
Tel.: (0 71 83) 78 41
Fax: (0 71 83) 36 22
Weinbauartikel, Standard- und Sonder-
flaschen, Verpackungen

Wolf GmbH
Zur Tannenburg 27
66280 Sulzbach/Altenwald
Tel.: (0 68 97) 98 10–0
Fax: (0 68 97) 8 50 91 oder 98 10 22
Kellereibedarf

Österreich
Labor Buchrucker GmbH
Aschacher Str. 1
A–4100 Ottensheim
Tel.: 0043 (0) 72 34 8 33 04
Fax: 0043 (0) 72 34 8 33 06
E-Mail: labor@labu.at
Internet: www.labu.at
20- und 50-l-Essiganlagen

Schweiz
Schweizerische Vereinigung für Obst- und
Traubenverarbeitung (SVOT)
Meiholzstr. 9
CH–8913 Ottenbach
Essigsäurebakterien

Essighersteller (auch Lohnverfahren)

Deutschland
Fa. Acetoria
Heilbronner Str. 56
74223 Flein
Tel.: (0 71 31) 50 69 98
Fax: (071 31) 57 32 88
hochwertige Frucht- und Weinessige,
Balsamessig, Aperitifessig

Andreas Hattemer
Langgasse 14
55435 Gau-Algesheim
Tel.: (0 67 25) 9 57 03
Fax: (0 67 25) 9 57 04
E-Mail: hattemer@kronenhof.de
Oberflächenverfahren, auch für Wieder-
verkäufer

Paul Schumacher
Walporzheimer Str. 26
53474 Bad Neuenahr/Ahrweiler
Tel.: (0 26 41) 43 45
Fax: (0 26 41) 35 94 19
Oberflächen- und Fesselgärverfahren, auch
für Wiederverkäufer; weinchemisches Unter-
suchungslabor

Staatsweingut Bad Kreuznach-Simmern
in der Staatlichen Lehr- und Versuchsanstalt
für Landwirtschaft und Weinbau
Rüdesheimer Str. 68
55545 Bad Kreuznach
Tel.: (06 71) 8 20-2 51
Fax: (06 71) 820-2 94
E-Mail: staatsweingut@staatsweingut.de
Internet: www.staatsweingut.de
Oberflächenverfahren ohne Wasserzusatz,
Weinessig für Endverbraucher und Wieder-
verkäufer, Essigsäurebakterien
(Verkauf nur nach Anfrage und Selbstabho-
lung, kein Versand)

Weinessiggut Doktorenhof
Georg u. Johanna Wiedemann
Raiffeisenstr. 5
D–67482 Venningen
Tel.: (0 63 23) 55 05
Fax: (0 63 23) 69 37
E-Mail: doktorenhof@t-online.de
Internet: www.doktorenhof.de
kein Lohnverfahren

Philipp Weiß
Schmittstr. 58
55411 Bingen/Rhein
Tel.: (0 67 22) 5 06 12, (0 67 21) 1 46 55
Wein- und Essigfiltration im
Lohnverfahren

Essigmanufaktur Carl Weyers
Nagelschmiedgasse 11
50827 Köln
Tel.: (02 21) 5 30 16 59 oder 999 41 53
Fax: (02 21) 53 016 92
E-Mail: service@Essigmanufaktur.de
Internet: www.essigmanufaktur.de
Fesselgärverfahren, Submersverfahren,
auch für Wiederverkäufer

Österreich
Alois Gölles
Obstbrennerei & Essigmanufaktur
Stang 52
A–8333 Riegersburg
Tel.: (0 31 53) 75 55
Fax: (0 31 53) 75 55 30
E-Mail: obst@goelles.at
Internet: www.goelles.at
Essigspezialitäten, Degustationssets

Erwin Gegenbauer
Wiener Essig Brauerei
Waldgasse 3
A–1100 Wien
Tel.: (0 1) 6 04 10 88
Fax: (0 1) 6 04 10 88 22
E-Mail: gegenbauer@homail.com
Internet: www.gegenbauer.at

Aceto balsamico tradizionale di Modena, Aspretti
Vincent Becker –
Spezialitätenversand für Küche und Keller
Gewerbestr. 11
79285 Ebringen
Tel.: (0 76 64) 97 98 90
Fax: (0 76 64) 97 98 99
Internet: www.vincent-becker.de
Aceto Balsamico und weitere Essigspezialitäten

Harald L. Bremer GmbH
– La Fattoria –
Efeuweg 3
38104 Braunschweig
Italienische Spezialitäten und Weine

Kleines Lexikon der Essigherstellung

Acetaia   Produktionsstätte für Aceto Balsamico tradizionale di Modena in den Regionen Modena und Reggio Emilia.

119

Acetator   Submers arbeitender Reaktor, bei dem die Bakterien in Schwebe gehalten werden.

Ansatzessig   Fertig vergorener Essig, der mit Früchten oder Kräutern angesetzt, das heißt aromatisiert und gefärbt wurde. Im Gegensatz dazu steht der reine Fruchtessig (Gäressig).

Acetobacter   Peritrich (rundherum) begeißelte Essigsäurebakterien.

Balsamessig   Eingedickte Fruchtsäfte und damit auch aufkonzentrierte Fruchtsäuren, Zucker und Aromen bilden in Zusammenhang mit bei der Erhitzung eintretenden Aromaverschiebungen die Basis zur Herstellung der gleichnamigen Essige.

Brix   1 Grad Brix (° Bx) entspricht 1 Gewichtsprozent (%mas) Saccharose.

Essigbeurteilung   Siehe Sensorik.

Essigbildner   1. Fermenter bzw. Behälter mit Trägermaterial zur Fixierung der Essigbakterien. 2. Essigsäurebakterien.

Essigmutter   Aggregate Schleim bildender Essigsäurebakterien, deren cellulosehaltige Häute eine geschlossene Decke auf den alkoholischen Flüssigkeiten wie Obst-, Beeren- oder Traubenweinen bilden (siehe auch Kahmhaut).

Essigsäureethylester   Essigsäure + Ethanol (Essigsäureethylester). Charakteristischer Uhu- bzw. Lösungsmittelgeruch, der bei der Gärung von Essigsäurebakterien zu riechen ist.

Fesselverfahren   Bakterien haften an einem Trägermaterial. Dieses Trägermaterial besteht entweder wie beim Spanbildner aus Buchenholzspänen, kann aber auch aus lebensmittelechtem Kunststoff, früher auch aus Maisspindeln, Kork oder Traubenkämmen bestehen (siehe auch Spanbildner).

Gäressig Essig, dessen Säure ausschließlich durch die Tätigkeit von Essigsäurebakterien aus der Vergärung von Alkohol entstanden ist. Im Gegensatz dazu steht der Ansatzessig.

Geläger Rückstand aus Hefen und Fruchtbestandteilen, der sich nach der Gärung von Obst- oder Traubenweinen im Fass absetzt.

Generatorverfahren Siehe Spanbildner.

Gluconobacter Polar (an der Längsseite) begeißelte Essigsäurebakterien.

Holzfass Der Ausbau im Holzfass erfolgt besonders bei Weinessigen. Hier bewirken Fässer aus Maulbeer-, Eichen- oder auch Kirschholz die Ausbildung eines besonderen Holzcharakters in Form von gerbstoffreichem, würzigem Geschmack und intensiver Färbung von rot bis dunkelbraun.

Kahmhaut Allgemeine Bezeichnung für eine durch Mikroorganismen gebildete, geschlossene Decke auf der Oberfläche von Flüssigkeiten und Maischen. Sagt noch nichts über die Art der Mikroorganismen aus.

Kahmhefen Haut bildende, wilde Hefen als Verderborganismen, die ebenfalls auf der Flüssigkeit eine Haut bilden.

Oechsle Grad Öchsle (° Oe), eine Einheit zur Bestimmung des Extraktgehaltes von Flüssigkeiten.

Oberflächenverfahren Das Grundverfahren zur Herstellung von Essig. Ein Behälter mit Wein bildet eine Essigmutter auf der Oberfläche. Eine mehrstufige Verbesserung ist das Orléans-Verfahren.

Orléans-Verfahren Altes Oberflächenverfahren mit klassischer Essigmutter und mehrfacher Abstufung nach fortschreitender Essigsäureentwicklung in aufeinander folgenden Fässern.

Pektin Gerüstsubstanz der pflanzlichen Zellwand. Besonders in Äpfeln und Citrus-

Refraktometer

früchten in hoher Konzentration vorkommend. Dementsprechend auch im Apfelessig enthalten.

Refraktometer Optisches Messgerät, bei dem man aus dem Brechungsindex auf den Zuckergehalt unvergorener Säfte schließen kann.

Reintönig Begriff aus der Sensorik. Er soll ausdrücken, dass der Essig keine Nebengerüche aus schlechtem Grundwein oder unsauberer Essigfermentation hat.

Schlempe Destillationsrückstand, entalkoholisierte Obst- oder Getreidemaische.

Schwefel Antioxidationsmittel, das die Essigbildung stört, aber den fertigen Essig vor Oxidation und Bakterienbefall schützt.

Sensorik Geruchliche und geschmackliche Beurteilung von Essigprodukten. Die Essigbeurteilung oder Sensorik lehnt sich eng an die Wein- und Spirituosenbeurteilung und deren Wortschatz an. Spezieller Wortschatz z. B. bei Essig : reintönig, breit, vordergründig, sauber, fruchtig.

Solera Spezielles Fasslagersystem für Sherryessig. Die Fässer sind übereinander gestapelt. Der Essig bzw. die Flüssigkeiten durchlaufen das Fasssystem von oben nach unten, wo das fertige Produkt entnommen wird.

Submersverfahren Modernes Verfahren, bei dem die Bakterien in einem „Acetator" (Fermentationsbehälter) in Schwebe gehalten und belüftet werden. Für industrielle Erzeugung und Kleinbetriebe. Vorteilhaft ist die schnelle Essigbildung.

Spanbildner Essigsäurebakterien, die auf Buchenholzspänen sitzen. Ein Spritzrad verteilt oben die alkoholhaltige Flüssigkeit über die Späne, unten sorgt ein Gebläse für Luftzufuhr (siehe auch Fesselverfahren).

Trester Pressrückstände bei der Obst- und Traubenweinherstellung.

Trockenzuckerung Bei der Trockenzuckerung wird der Zucker in fester Form in den Saft gerührt.

Überoxidation Essigsäure und Sauerstoff werden mit Hilfe von Essigsäurebakterien zu Kohlendioxid und Wasser oxidiert. Diese vollständige Oxidation läuft bei Nährstoffmangel der Essigsäurebakterien ab. Innerhalb weniger Stunden kann so die bereits gebildete Essigsäure abgebaut werden. Besonders gefährlich beim Submersverfahren.

Überoxidierer (Peroxidanten) Essigsäurebakterien, die die gebildete Essigsäure weiter zu Kohlendioxid und Wasser abbauen.

Unteroxidation Bei dieser chemischen Reaktion wird Alkohol mit Hilfe von Essigsäurebakterien zu Essigsäure oxidiert, aber nicht weiter abgebaut.

Unteroxidierer (Suboxidanten) Essigsäurebakterien, die die gebildete Essigsäure nicht weiteroxidieren können.

Bildquellen

121

Register

Sternchen *verweisen auf
Abbildungen oder Tabellen.

Register

123

Die Deutsche Bibliothek – CIP-Einheitsaufnahme

Ein Titeldatensatz für diese Publikation ist bei
Der Deutschen Bibliothek erhältlich.

ISBN: 3-8001-3240-0 (Deutschland)
ISBN: 3-7040-1850-3 (Österreich)

© 2001 Verlag Eugen Ulmer GmbH & Co.
Wollgrasweg 41, 70599 Stuttgart (Hohenheim)
E-Mail: info@ulmer.de
Internet: www.ulmer.de
© 2001 Österreichischer Agrarverlag Druck- und
Verlagsgesellschaft m.b.H. NfG. KG
Achauerstraße 49A, A-2335 Leopoldsdorf
E-Mail: office@agrarverlag.at
Internet: www.agrarverlag.at

Printed in Germany
Lektorat: Wanda Lemanczyk, Carola Hils
Herstellung & DTP: Jürgen Sprenzel
Druck und Bindung: Friedr. Pustet, Regensburg

Kellereieinrichtungen, Kellereibedarf
Hochdruckreiniger, Reinigungsmittel
E ★ N ★ O ★ L – Matic-Abfüllgeräte
Herstellung, Beratung, Verkauf
Montage, Kundendienst

Vaslin- + Bucher-Weinpressen
Maische- und Getränkepumpen
Getränke-Filter, Rohre + Armaturen
Edelstahl- und Kunststofftanks
Brennereibedarf, Berufskleidung

125

Obst-Trauben- und Beeren-Mühlen
Abbeermaschinen
Pressen ab 5 Ltr. handbetätigt,
hydraulisch, pneumatisch und
Wasserdruck

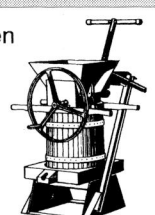

Pumpen
für den Hobby-Winzer
und den Profi

Getränkefässer aus Holz,
Kunststoff und Edelstahl
in verschiedenen Größen
und Ausführungen

Filter in
verschiedenen
Größen und
Ausführungen

Außer unserem
Maschinenlieferprogramm
liefern wir:
Oechslewaagen
Refraktometer
Alkoholometer
Meßgeräte zur
Bestimmung von
Säure, Schwefel,
Zucker + Alkohol

Reinzuchthefen
Kaliumdisulfit
Gelatine
Enzyme usw.
Flaschen
Glasballon
Kronenkorken
Sektkorken

Flaschen-
spülmaschine

E·N·O·L®
MATIC

Das kleine Abfüllwunder
● kein Überlaufen
● konstante Füllhöhe
● schnell
● preiswert
● wartungsfrei

Handverkork-
maschinen
Kronkork-
verschließ-
geräte

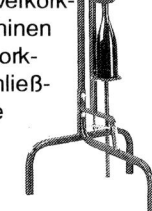

D-74357 Bönnigheim • Meimsheimer Straße 10 • Telefon (0 71 43) 88 56-0, Fax 2 52 49